함께 생각하자 ❶

폭력
이것도 폭력이야?

초판 1쇄 발행 2017년 10월 20일 | 초판 4쇄 발행 2020년 5월 20일
글 김준형 | 그림 류주영
펴낸이 홍석 | 편집부장 이정은 | 편집 차정민 · 이은경
디자인 나비 | 마케팅 홍성우 · 이가은 · 이송희 | 관리 김정선 · 정원경 · 최우리
펴낸곳 도서출판 풀빛 | 등록 1979년 3월 6일 제8-24호
주소 서울특별시 서대문구 북아현로 11가길 12 3층 (북아현동, 한일빌딩)
전화 02-363-5995(영업) 02-362-8900(편집) | 팩스 02-393-3858 | 전자우편 kids@pulbit.co.kr
홈페이지 www.pulbit.co.kr | 블로그 pulbitbooks.blog.me | 인스타그램 instagram.com/pulbitkids

ⓒ 김준형, 류주영 2017

ISBN 979-11-6172-030-2 74300
ISBN 979-11-6172-029-6 74080 (세트)

이 도서의 국립중앙도서관 출판시도서목록(CIP)은 서지정보유통지원시스템홈페이지(http://seoji.nl.go.kr)와
국가자료공동목록시스템(http://www.nl.go.kr/kolisnet)에서 이용하실 수 있습니다.(CIP제어번호: CIP2017024727)

* 지은이와 협의해 인지를 생략합니다.
* 잘못된 책이나 파본은 구입하신 곳에서 바꿔 드립니다.

| 제품명 아동 도서 | 제조년월 2020년 5월 20일 | 사용연령 10세 이상
제조자명 도서출판 풀빛 | 제조국명 대한민국 | 전화번호 02-363-5995
주소 서울시 서대문구 북아현로 11가길 12 3층 (북아현동, 한일빌딩)
KC마크는 이 제품이 공통안전기준에 적합하였음을 의미합니다.

⚠ 주 의
종이에 베이거나 긁히지
않도록 조심하세요.
책 모서리가 날카로우니
던지거나 떨어뜨리지 마세요.

함께 생각하자

폭력

이것도 폭력이야?

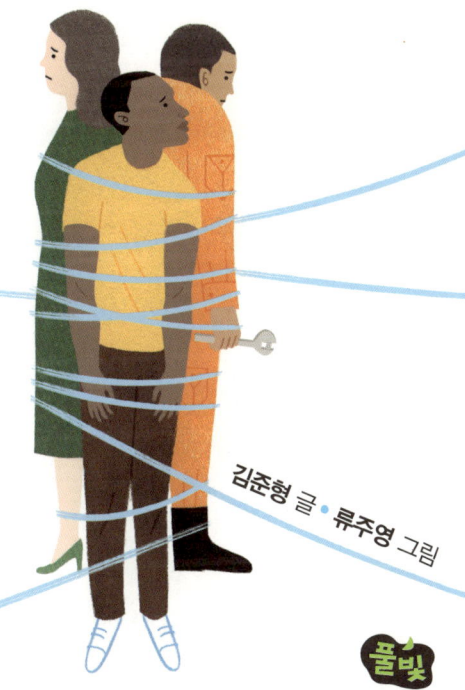

김준형 글 · 류주영 그림

풀빛

차례

프롤로그 나를 괴롭히는 폭력

1. 폭력이 뭘까요?

폭력 = 폭 + 력 12
직접적 폭력은 눈에 잘 보여요 15
눈으로, 귀로 전해지는 직접적 폭력 17
| 폭력은 정당화될 수 있을까요? 20 |

2. 정말? 이것도 폭력이야?

구조적인 폭력은 사회가 만들어요 24
국가도 폭력을 만든다고? 27
야누스의 얼굴을 가진 국가 30
아무도 모르게 벌어지는 문화적 폭력 34
문화적 폭력은 어디에 있을까요? 37
보복도 폭력일까요? 42
자해도 폭력일까요? 46
피해자의 말이 우선이에요! 49
폭력은 나쁜 것? 51
| 이런 것도 폭력일까요? 54 |

3. 폭력을 왜 사용할까요?

폭력의 원인: 본능일까? 환경일까? 58
두려움과 질투는 폭력의 시작 63
꼴찌는 맞아도 될까요? 66
폭력이 판치는 사회로 만든 범인은 누구? 71
분풀이를 위해 약자를 괴롭히는 최악의 폭력 74
폭력은 다름을 인정하지 않는 데서 시작해요 78
| 누구나 폭력을 휘두르고 싶을 때가 있어요 80 |

4. 혹시 나도 폭력을 쓰고 있나?

내가 혹시 들개는 아닐까? 84
나도 들개가 되지 않으려면 87
폭력은 바이러스 90
나를 위한 비폭력 93
| "안 돼요, 싫어요."라고 말해요 96 |

5. 폭력 없이 함께 살아가는 방법

폭력의 반대는 평화 100
폭력 감수성을 키워요 104
폭력에도 면역이 있다고? 108
폭력도 우리처럼 성장해요 110
폭력의 해결사는 대화 111
갈등을 평화적으로 해결해요 114
| 현명하게 폭력을 극복해요 122 |

에필로그 폭력은 반드시 없앨 수 있어요!

나를 괴롭히는 폭력

나는 먹는 걸 무척 좋아해요. 촉촉한 케이크와 부드럽고 달콤한 아이스크림이 입안에 들어오면 세상을 다 가진 듯 행복해요. 난 손에서 맛있는 걸 절대 놓지 않아요. 언제가 되었든 먹고 싶을 때 바로바로 먹어야 하니까요. 그런데 사람들이 자꾸만 나를 쳐다봐요. 친구들은 나보고 뚱뚱하다고 놀리고요. 어떤 애들은 내가 너무 뚱뚱해서 일찍 죽을 거래요. 맛있는 걸 마음껏 먹으면 행복하지만 친구들이 놀리거나 나를 이상하게 쳐다보는 눈빛이 느껴지면 정말 죽고 싶어요.

몇 달 전에는 우리 반 남자애가 돼지 냄새가 난다며 더럽다고 했어요. 나는 매일매일 깨끗이 씻고 옷도 매일매일 갈아입기 때문에 냄새 날 리가 전

혀 없어요. 그런데도 내가 뚱뚱하다는 이유로 더럽다고 했어요.

  엄마는 놀림 받기 싫으면 살을 빼래요. 강제로 운동을 시킬 때도 있어요. 줄넘기 천 개를 해야 밥을 주는 날도 있어요. 이런 날은 너무 서글퍼요. 집을 나가고 싶었던 적도 있어요. 나는 정말 모르겠어요. 내가 뚱뚱한 게 남한테 피해를 주는 것도 아닌데 왜 다들 나를 괴롭힐까요?

  지아(가명)라는 친구의 이야기예요. 뚱뚱하다고 괴롭힘을 당하고 있지요. 지아를 괴롭히는 사람은 누구일까요? 돼지 냄새가 난다고 놀리는 친구들이 가장 먼저 떠오르네요. 강제로 운동을 시키는 엄마도, 또 이상

하게 쳐다보는 사람들도 지아를 괴롭히고 있어요. 지아는 자기를 괴롭히는 사람들 때문에 몸과 마음이 아프다고 해요. 마치 폭력을 당하는 것처럼요.

그런데 지아를 괴롭히는 사람들이 진짜로 폭력을 휘두른 걸까요? 주먹으로 때리거나 욕을 하지도 않았는데 폭력이라니 좀 너무하다고 생각할 수도 있어요. 특히 살을 빼라고 운동을 시킨 엄마의 경우는 더욱 그렇지요. 살을 뺄 수 있도록 좋은 방향으로 이끌어 주었는데 폭력이라고 하니 엄마 입장에서는 억울하기도 할 거예요. 그런데 이건 폭력이 맞아요. 폭력은 단순하게 누군가를 때려서 피해를 입히는 상황만을 이야기하는 것이 아니거든요.

우리는 난폭한 누군가가 약한 사람을 괴롭히고 때리는 것만을 폭력이라고 생각해요. 폭력을 행사하는 사람만 처벌하면 폭력이 없어질 거라고도 생각하고요. 하지만 폭력은 우리가 생각하는 것보다 훨씬 다양한 모습을 가지고 있고, 그 원인도 뿌리 깊어요. 그래서 하나하나 꼼꼼하고 분명하게 따져 봐야 해요. 이제부터 폭력이 무엇인지 제대로 알아보고, 어떻게 하면 폭력을 추방할 수 있는지 함께 생각해 보기로 해요.

1 폭력이 뭘까?

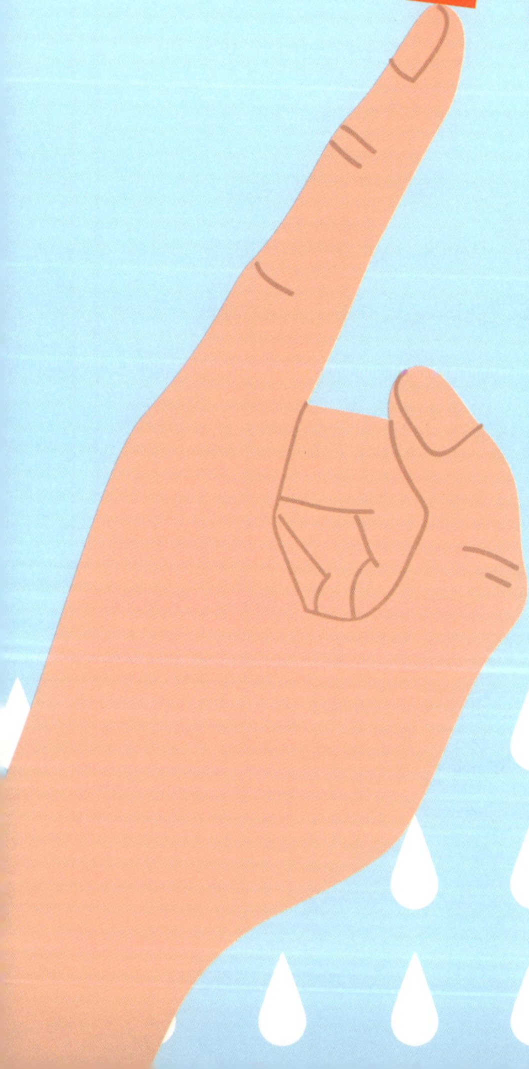

 **폭력=폭+력**

폭력 하면 뭐가 떠오르나요? 사람을 때려서 다치거나 죽음에 이르는 모습이 상상되나요? 이런 것도 물론 폭력이 맞아요. 하지만 우리 주변에는 우리가 생각하는 것보다 훨씬 더 많은 폭력이 있어요. 그러나 우리는 그것들을 폭력이라고 미처 깨닫지 못하지요.

왜 그럴까요? 폭력이 생각만큼 단순하지 않거든요. 폭력이 일어나는 상황이 복잡하고 사람들의 생각도 제각각이어서, 누구는 폭력이라고 하고 또 누구는 이런 게 무슨 폭력이냐고 반발하기도 해요. 대체 폭력이 무엇이기에 이토록 복잡한 걸까요?

폭력=폭+력, '폭(暴)'과 '력(力)'이라는 글자 그대로 풀이해 보면, 폭(暴)은 폭발, 폭우, 폭설에서처럼 매우 지나치다는 뜻이에요. 력(力)은 힘이고요. 따라서 폭력이라 함은 매우 지나친 힘, 즉 상대방을 다치게 하고, 재물을 파괴하는 등의 범죄 행위로 이어져요. 쉽게 말하면 폭력은 누군가를 고통 받게 하는 힘이라고 할 수 있어요.

사전에서는 폭력을 어떻게 정의했을까요? '사람의 몸을 상

하게 하고, 정신을 압박하며, 재산을 파괴하는 강제적인 힘을 사용하는 행동'이라고 되어 있어요. 세계보건기구 WHO는 '폭력이란 자기 자신 또는 상대방을 향해 의도적으로 위협하거나 실제로 사용하는 물리적인 힘'이라고 정의 내렸고요. 여기에서 보아도 단순히 힘을 써서 신체를 압박하는 것만이 폭력이 아님을 알 수 있어요.

오늘날 우리가 살고 있는 세계는 폭력이 넘쳐나요. 마치 질병을 일으키는 병균처럼 퍼져 우리의 안전과 생명을 위협하고 있어요.

유엔 보고서에 따르면 여성 3명 중 1명은 배우자를 포함해 같이 사는 사람들에 의해 신체적, 성적 폭력을 당한 적이 있다고 해요. 그리고 매년 약 50만 명이 살해당하고, 그중 30만 명은 총기 사건으로 목숨을 잃고 있어요. 또 세계 약 60개국에서 전쟁이라는 폭력이 벌어지고 있고요. 끔찍하지요? 엄청나게 많은 사람들이 폭력에 의해 죽음을 당하는 것이지요.

폭력이 사회적으로 나쁜 영향을 미치는 만큼 우리 사회에서 꼭 없어져야 해요. 그러려면 폭력에 대해 좀 더 자세히 살펴봐야겠지요? 지금부터 차근차근 폭력에 대해 알아보도록 해요.

 ## 직접적 폭력은 눈에 잘 보여요

어떤 남자가 길을 가고 있는데, 노숙자가 돈을 달라고 귀찮게 하자 주먹으로 노숙자의 얼굴을 마구 때렸어요. 이런 상황에서 남자의 행위는 누가 봐도 폭력이 분명해요. 또 가해자는 남자고, 피해자는 노숙자인 것도 쉽게 구별할 수 있지요. 이런 폭력은 직접적인 폭력이라고 해요.

직접적 폭력은 우리가 가장 쉽게 알아챌 수 있어요. 가해자와 피해자가 확실하고, 언제 어디서 어떻게 폭력이 발생했는지가 분명하기 때문이에요. 그리고 폭력의 피해도 비교적 잘 드러나요. 신체를 해치는 것 외에도, 상대방을 묶거나 가둬서 자유를 빼앗은 것도 직접적 폭력에 해당돼요.

학교에서 벌어지는 일들을 한번 살펴볼까요? 힘이 약한 친구를 때리거나 자기보다 어린 후배들을 괴롭히는 일이 가장 흔한 학교 폭력이에요. 여럿이서 한 친구를 따돌리는 집단 따돌림도 학교 폭력이지요. '빵 셔틀'이나 '와이파이 셔틀' 같이 강제로 심부름을 시키는 행위도 물론 폭력이에요.

과거에는 단순하게 물리적인 폭력을 저지르는 경우가 가장 많았지만, 요즘에 일어나는 학교 폭력은 점점 다양하고 무서워지고 있어요. 교활하게 약한 친구들을 조종해서 자신의 이익을 취한다든지, 심한 장난을 쳐서 상대방이 곤란한 상황에 처하는 걸 즐기기도 해요. 게다가 폭력을 행사하는 나이도 점점 어려지고 있는데, 어린 나이에 폭력을 경험하면 훨씬 더 나쁜 결과로 이어지게 된다는 점에서 큰 문제지요.

학교 폭력은 학교라는 공간에서 벌어지다 보니 아무래도 잘 드러나지 않는다는 특징이 있어요. 피해 학생은 보복이 두렵고, 또 주위 사람들에게 알려지는 것이 두려워 문제가 커질 때까지 속으로 참거나 피하기 십상이에요. 이 때문에 부모들은 물론이고, 심지어 선생님들도 학교 폭력이 있다는 사실을 모르고 있는 경우가 많아요. 무관심 속에서 학교 폭력의 피해자는 물리적, 정신적으로 평생 극복하기 어려운 상처를 입거나, 또 어떤 경우에는 자살이라는 극단적인 선택도 하지요.

그런 의미에서 학교 폭력을 학교 안에서 벌어지는 학생들 사이의 폭력으로 쉽게 보아 넘겨서는 안 돼요. 아무리 가벼운 폭력이라고 해도 절대 허용해서는 안 되고, 항상 경계해야 해요.

 **눈으로, 귀로 전해지는 직접적 폭력**

　직접적인 폭력은 육체적인 것만이 아니라 정신적이고 인격적인 것도 포함돼요. 막말, 욕설, 희롱, 협박 같이 언어로 상대방의 인격에 상처를 입혔다면 이것도 당연히 직접적인 폭력이에요. 물리적으로 힘을 가해 상대방을 때리는 신체 폭행만큼이나 무섭지요.

　상대를 불편하게 하는 말부터 깊은 상처를 남기는 잔인한 말이나 욕설 등 모두 폭력에 해당돼요. 너는 왜 이렇게 못 생겼어, 또는 너는 왜 이렇게 키가 작아, 뚱뚱해 등 상대방이 심한 모욕감을 느끼게 하는 말들은 심각한 폭력이 될 수 있어요. 내가 좋은 의도로 한 말인데 왜 상대방은 상처를 받을까라는 생각은 사실 잘못된 방향이에요. 폭력은 가해자가 아닌 피해자의 입장에서 생각해야 해요.

　정신적인 피해가 큰 폭력으로는 사이버 폭력도 있어요. 사이버 폭력은 가상 공간이기 때문에 폭력의 피해가 덜한 것처럼 보여요. 하지만 이름이나 얼굴이 보이지 않는 점과 감시가 쉽지 않다는 점을 이용해서 오히려 훨씬 더 잔인한 경우가 많아요.

폭력의 대상을 정해서 반복적으로 인신공격을 가하거나, 아니면 말고 식의 거짓 소문을 퍼뜨리기도 해요. 또는 개인 정보를 사이버상에 뿌리는 소위 '신상 털기'를 하기도 하고요. 이렇게 되면 피해자는 현실 세계에서도 일상생활이 불가능할 정도로 큰 피해를 입어요. 한 사람의 삶을 파괴하는 무서운 결과를 낳기도 하고요.

사이버 폭력의 또 다른 예로는 일간 베스트, 소위 일베가 대표적이에요. 이들은 특정 지역 사람들을 모욕하거나 여성들이나 외국인도 집중적으로 혐오해요. 주로 사회적 약자에 대한 공격을 일삼는데, 그 표현이 너무 잔인한 경우가 많아요.

이렇게 보이지 않는 곳에서 활개 치는 비겁하기 짝이 없는 폭력을 행하는 사람들을 보면요, 현실에서 받는 스트레스를 사이버상에서 푸는 데서 시작했다고 해요. 잘못된 습관이 결국 폭력으로까지 이어진 거예요. 가해자들도 자신이 사이버상에서 악마가 되어 가고 있다는 걸 모른 채 점점 더 심한 사이버 폭력에 빠져드는 셈이에요.

이처럼 폭력은 사람들이 생각지도 못한 상황과 장소에서 무서운 속도로 퍼져 나가고 있어요. 하지만 더 심각한 것은 앞서 말한 물리적인 힘에 의한 폭력만 있는 게 아니라는 거예요.

지아의 경우처럼 물리적인 힘이 가해지지 않았는데도 폭력의 피해가 발생하기 때문이지요. 우리 사회에서 폭력을 뿌리 뽑으려면 물리적인 폭력뿐만 아니라 이런 폭력도 없어져야 해요. 지금부터는 우리 사회 곳곳에 숨어 있는 폭력들을 하나씩 찾아보도록 해요.

폭력은 정당화될 수 있을까요?

오늘 학교에서 대단한 폭력 사건이 있었어요. 점심시간 체육관에서 수호가 동준이를 때렸거든요. 수호가 너무 심하게 때리는 것 같아서 말리려고 했어요. 그런데 몇몇 아이들이 그냥 두라는 거예요. 사실 그동안 동준이가 우리 반 애들을 괴롭혔거든요. 자기 대신 화단에 잡초를 뽑게 하거나 숙제를 대신해 오라는 둥, 동준이는 다양한 방법으로 우리를 괴롭혔어요. 수호가 나타나기 전까지 우린 꼼짝없이 동준이가 시키는 대로 할 수밖에 없었어요.

  2학기가 시작되면서 우리 반에 수호가 전학을 왔어요. 수호는 몸집은 작지만 싸움을 굉장히 잘했어요. 그런 수호가 동준이를 때린 거예요. 동준이가 수호 동생을 괴롭혔기 때문이래요. 수호 동생에게 매번 책가방을 들고 집까지 따라 오라고 했었나 봐요.

  무자비한 폭행이 맞긴 하지만, 그동안 동준이에게 당해 온 아이들은 수호를 말리지 않았어요. 오히려 수호가 잘한다고 응원하기까지 했지요. 하지만 동준이가 맞고 있는 모습을 보고 있자니 너무 마음이 아팠어요. 어쨌든 폭력은 나쁜 거잖아요. 이럴 때 나는 어떻게 해야 할까요?

이 세상에 맞아야 할 사람, 맞아도 되는 사람은 없어요. 모두가 평등하고 소중한 생명이니까요. 그런 의미에서 폭력은 어떤 식으로든 정당화될 수 없어요. 문제를 해결하기 위한 방법으로 폭력을 선택하면 안 돼요. 이번 사건을 보면 결국 동준이나 수호 모두 폭력의 가해자가 되었잖아요. 처벌은 모두의 동의를 얻은 교칙이나 법에 의해서만 가능해요. 이럴 때는 빨리 수호를 말려야 하고, 선생님에게 알려서 문제를 해결해야 해요. 여러분 혼자서는 해결하기 힘들어요.

 **학교 폭력을 해결하는 방법**

　동준이처럼 자신의 힘을 이용해서 다른 사람을 괴롭히는 사람이 있다면, 먼저 동준이에게 직접 잘못된 일이라고 알리고 그만두게 해야 해요. 그래도 말이 통하지 않는다면 선생님에게 알려서 동준이의 잘못된 행동을 멈추게 해야 해요. 피해자가 더 발생하지 않도록 막아야 하고요. 선생님이 동준이 문제를 크게 생각하지 않아서 가볍게 넘어갈 수 있어요.
　그러면 동준이는 친구들을 계속 괴롭히겠지요. 이럴 때는 또 다른 선생님에게 도움을 요청해야 해요. 문제가 해결될 때까지 계속 선생님에게 말해야 하고, 여러 사람에게 알려야 해요. 그래야 문제를 해결할 수 있어요.

세상에 맞아도 되는 사람이 있을까요?
폭력이 있어도 괜찮다고 생각해 본 적이 있으면 이야기해 보세요.

2 정말? 이것도 폭력이야?

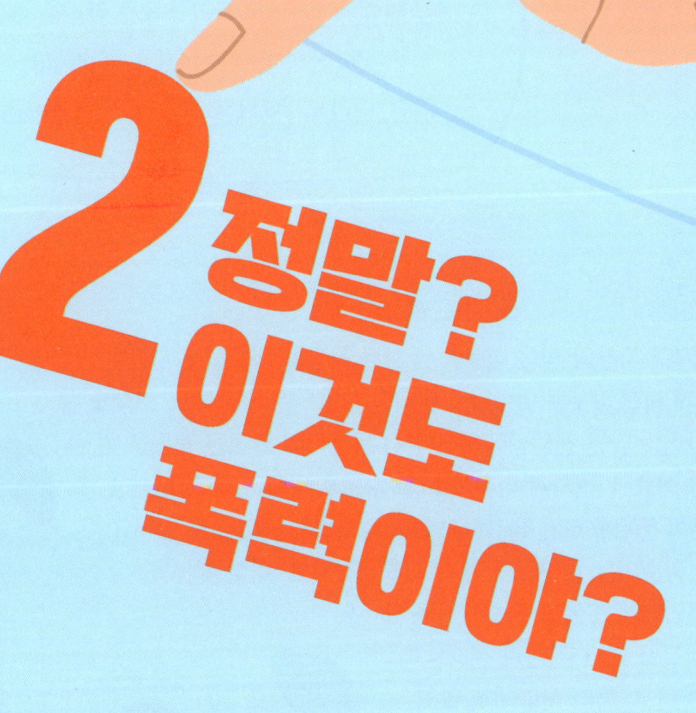

 **구조적인 폭력은 사회가 만들어요**

앞서 살펴본 직접적인 폭력들은 비교적 우리가 쉽게 알아챌 수 있어요. 게다가 처벌, 예방책 등 다양한 인식이 널리 알려져 있어 폭력에 대처할 수 있고요. 하지만 정작 심각한 폭력은 이것이 폭력인지 모르고 지나치는 경우예요. 그중 대표적인 것이 구조적 폭력이에요. 여기에서 구조란 가족, 사회, 국가, 세계가 만든 제도, 규칙, 관습 같은 것들을 말해요. 구조적 폭력은 이런 구조들 때문에 생기는 폭력이지요.

노예 제도가 구조적 폭력의 좋은 예가 될 수 있겠네요. 노예 제도는 사람의 권리와 자유를 빼앗아 마음껏 부리며, 물건처럼 사람을 사고파는 것을 말해요. 과거에는 신분이 낮거나 힘이 없는 사람을 노예로 삼아 혹독하게 일을 시키고, 일한 대가는 노예의 주인이 가졌어요. 노예가 된 사람은 혼자서는 극복할 수도 없고 물리칠 수도 없는 폭력을 당했던 것이지요.

노예 제도처럼 사회 경제적으로 가난한 사람들을 억압한다든지, 법이나 관습에 의해 사회적 약자가 피해를 당하는 것이 바로 구조적 폭력이에요. 그 외에도 인종 차별, 여성 차별도 모두 구조적 폭력에 해당되지요. 또한 정치적으로 강대국들이

약소국들에게 무리한 요구를 하거나 괴롭히는 것도 구조적 폭력이에요.

구조적 폭력은 폭력을 휘두르는 가해자는 잘 드러나지 않고, 아주 오래도록 지속되는 특징이 있어요. 또 구조에 의한 폭력이다 보니 직접적인 폭력보다 피해를 입는 사람들이 많고 피해 범위도 넓어요.

그리고 구조적 폭력은 쉽게 이겨 낼 수 없기 때문에 오래도록 불행에서 벗어나기 어렵지요. 양반과 상놈이 있었던 옛날에는 양반의 자식으로 태어나지 않으면 아무리 노력해도 가난을 벗어날 수 없고, 또 벼슬자리에 나갈 수도 없었잖아요. 그게 바로 구조적 폭력이라는 거예요.

앞에서 예를 들었던 젊은 남자가 노숙자를 때린 이야기를 다시 생각해 볼까요? 직접적 폭력이 있는 것은 분명히 알 수 있는데 과연 여기에 구조적 폭력도 있을까요? 네! 있을 수 있습니다.

개인이 게을러서 노숙자 신세가 되었고, 얼마든지 일할 수 있는데도 일하기 싫어서 구걸을 하는 것이라면 구조적 폭력은 아니겠지요. 그러나 국가가 국민을 제대로 돌보지 못했다든지, 아니면 국가의 불공평한 경제 정책 때문에 노숙자가 되었다면 앞서 말한 사건은 구조적 폭력이 포함되어 있어요. 이 노숙자는 길 가는 남자에게 맞은 직접적인 폭력과 불공평한 경제 정책에 의한 구조적 폭력, 두 가지 폭력을 한꺼번에 당한 것이지요.

국가도 폭력을 만든다고?

2009년 겨울에 용산 참사라는 비극적인 사건이 일어났어요. 한겨울 추운 날씨에 서울시 용산구에서는 옛날 건물들을 부수고 재개발 사업을 하고 있었어요. 그곳에 살고 있던 세입자와 주민들은 하루아침에 거리로 내몰렸지요. 그러자 철거에 반대하며 옥상에 올라가 시위를 했어요.

경찰은 특공대 300여 명을 투입해서 주민들을 강제로 끌어 내리려 했고, 주민들은 격렬하게 저항했어요. 결국 충돌 과정에서 화재가 발생했어요. 안타깝게도 5명이 목숨을 잃었고, 23명이 부상을 입고 말았지요.

여기서 폭력을 행사한 가해자는 누구일까요? 겉으로 보기에는 경찰의 명령을 듣지 않고 시위를 하고, 화염병을 던지며 폭력적으로 저항한 주민들이라고 할 수 있을 거예요. 하지만 한겨울에 물대포를 쏘며 폭력적으로 진압한 경찰은 책임이 없을까요?

철거민들의 입장에서 보면, 옥상에 올라가서 폭력을 사용한 것은 마지막으로 살기 위한 몸부림이었는지도 몰라요. 반면 경찰 입장에서는 명령을 받아 폭력적인 진압을 한 것이고요. 양쪽 다 가해자인 동시에 피해자라고 볼 수 있어요.

하지만 이 사건에 주민도 경찰도 아닌 더 큰 배후의 폭력이 숨어 있어요. 돈을 벌기 위해 재개발이라는 이름으로 서민들의 삶의 터전을 짓밟아 버린 거대한 건설 자본과 이것을 눈감아 준 국가가 진짜 폭력일 수 있어요.

유엔인권위원회에서도 주거할 권리에 대한 대책이 없이 세입자들을 거리에 내모는 것은 인권 침해라고 분명히 얘기하고 있어요. 그래서 용산 참사는 세입자와 경찰의 직접적인 폭력 뒤에 구조적 폭력이 숨어 있다고 할 수 있는 것이지요.

한 가지 사건을 더 볼까요? 2014년 4월 16일에 일어났던

　세월호 침몰 사건이에요. 이 사건은 우리 사회에 엄청난 충격을 주었고, 지금까지도 이어지고 있어요. 476명의 승객 중에 172명만 구조되었고 304명이 희생된 대형 참사였어요. 특히 사망자 중에 250명이 학생들이었다는 점에서 더욱 안타까운 사고지요. 그런데 여기서 무슨 구조적 폭력이 있냐고 생각할지도 몰라요. 교통사고처럼 단순한 사고라고 말하는 사람들도 있었지요. 정말 그럴까요?

　세월호 참사는 단순한 사고가 아니에요. 사고의 원인부터 결과, 그리고 일의 처리까지 모두 구조적인 문제가 많았어요.

나중에 밝혀졌듯이 선박에 대한 안전 검사 부족, 불법적으로 많이 실은 화물, 승무원들의 안전 교육 무시, 선박 회사의 부패 그리고 해경과 국토환경부의 무능력 등 구조적인 문제에서 비롯된 원인들이 숱하게 많았지요. 그런 맥락에서 세월호 사건은 구조적인 폭력이라고 볼 수 있어요.

 야누스의 얼굴을 가진 국가

로마 신화에는 '야누스'라는 신이 있어요. 야누스는 얼굴을 두 개 가진 것으로 유명해요. 우리는 야누스를 통해 국가와 관련해 매우 중요한 사실을 발견할 수 있어요. 바로 국가가 두 얼굴을 가지고 있다는 것이에요.

하나는 국가가 처음에 만들어진 이유처럼 국민들을 보호하고, 국민에게 봉사하는 평화의 얼굴이에요. 다른 얼굴은 이런 국가가 국민을 보호하지 않고 도리어 괴롭히는 폭력의 얼굴이고요.

사람들이 혼자서는 위험에 처할 수 있으니 모여서 더 안전하게, 더 행복하게 살려고 국가를 만들었지만, 소수의 사람들이 국가를 지배할 경우 국가는 언제든지 폭력적인 존재로 변할 수 있어요. 심한 경우 국민을 괴롭히고 심지어 죽일 수도 있고요.

다시 말해 국가가 폭력을 사용할 수 있도록 허락받은 이유는 국민들을 보호하기 위해서였는데, 거꾸로 국가가 경찰과 군대를 동원해서 국민에게 폭력을 행사하는 경우가 있다는 것이지요. 이런 끔찍한 일이 실제로 벌어지고 있다는 사실을 믿기 어려울 거예요. 하지만 안타깝게도 우리 주변에서 이런 일들이 벌어지고 있어요.

예를 들면 경찰이나 군대의 폭력이 공공의 이익과 안전을 위해 범죄자 체포 같은 것에 사용되어야 하는데, 권력자의 이익을 위해 사용되는 경우가 아주 많아요. 일부 힘세고 돈 많은 사람들의 도구가 되어 많은 사람들에게 폭력을 행사하는 것이지요. 요즘에는 비교적 이런 사건들이 자주 벌어지지는 않지만 1970~80년대만 해도 정치적인 이유로 국가로부터 억압받는 국민들이 아주 많았어요.

야누스가 우리에게 주는 교훈은 한 가지 더 있어요. 두 얼굴의 거리가 너무도 가깝다는 것이에요. 그러니까 선한 얼굴

과 악한 얼굴, 폭력과 평화의 두 얼굴이 한 몸처럼 붙어 있기 때문에 조금만 관심을 기울이지 않으면 언제든지 위험한 존재가 될 수 있다는 뜻이지요.

역사 속에는 끔찍한 괴물로 변해 국민들을 탄압한 많은 폭력 국가들이 많이 있었어요. 오늘날처럼 국민이 존중되는 민주 국가에서도 잠시 잠깐 실수하면 국가는 곧바로 폭력을 행사하는 괴물이 되어 버려요.

국가의 폭력은 군대를 동원한 전쟁이나, 경찰을 이용한 탄압 같은 직접적인 폭력만이 아니에요. 국민을 가난에 빠지게 하거나, 차별하거나, 환경을 파괴하는 것도 국가 폭력이에요. 태풍이나 지진 같은 자연재해에 제대로 대처하지 못해서 국민으로 하여금 생명과 재산의 피해를 입게 하는 것도 국가의 폭력에 해당되어요.

직접적인 폭력은 가해자를 처벌하고, 법적으로 처벌하는 것만으로도 어느 정도 해결되지만, 구조적인 폭력은 누구에게 책임을 물을지, 또 어떤 방법으로 책임을 물을지가 간단하지 않아요. 게다가 구조적 폭력은 당장 앞에서 보이는 폭력이 아니기 때문에 사람들이 잘 알지도 못하고 관심도 적어요. 그래서 구조적 폭력을 해결하기는 어렵지요. 하지만 그럴수록 꾸준하게 관심을 갖고, 혹시 구조적 폭력이 숨어 있지는 않은지 의심해 봐야 해요.

 아무도 모르게 벌어지는 문화적 폭력

직접 드러나지 않고 간접적으로 가해지는 폭력에는 문화적 폭력도 있어요. 문화라는 말이 뜻하듯이 예술이나 사상, 교육, 종교를 통해 벌어지는 폭력이지요. 문화라고 하면 주로 인간의 삶을 깊고 풍성하게 해 주는 것들인데 폭력이 될 수 있다니까 좀 의아할 수 있어요. 물론 문화를 통해 인간의 삶이 나아지기도 해요. 하지만 반대로 폭력이 되어 다른 사람을 억압

하는 경우도 아주 많아요.

예를 들면 여성은 약하고 남성은 강하므로 남성이 여성보다 더 우월하다고 생각해서 여성을 차별하는 것은 문화적 폭력에 해당돼요. 흑인은 더럽고 모자란 반면, 백인은 깨끗하고 똑똑한 존재이므로 인종 차별은 어쩔 수 없다는 잘못된 생각도 문화적 폭력이고요. 뿐만 아니라 우리나라에 일하러 오는 이민자들이나 외국인 이주 노동자들은 차별해도 된다는 생각도 마찬가지예요.

이런 생각들은 개인의 의지와는 상관없이 사회적인 활동을 하면서 저절로 습득되어요. 다시 말해 내가 차별을 하고 싶지 않아도 오랫동안 차별이 있었던 사회에 속해 있다면 자신도 모르는

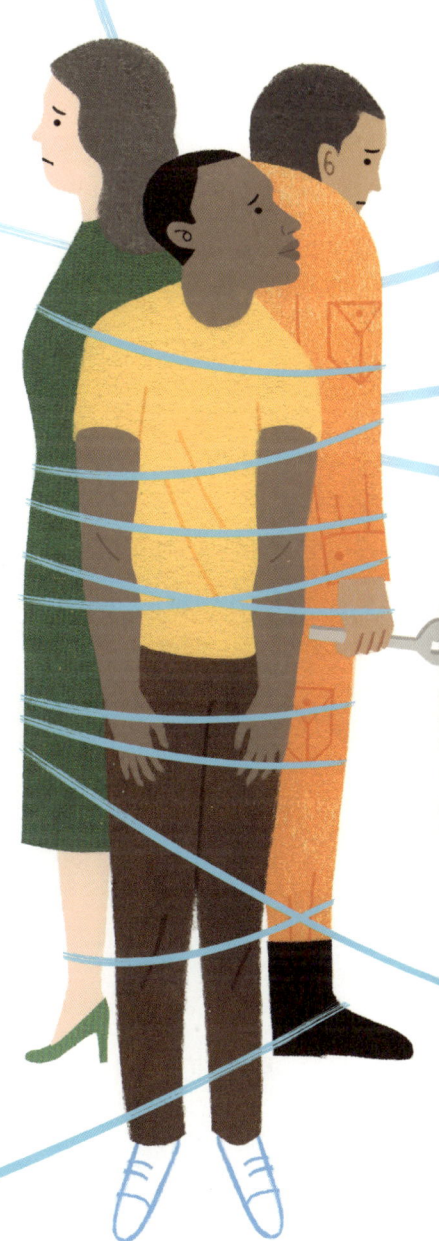

사이에 저절로 똑같은 행동을 하게 되는 것이지요.

앞에서 말한 노숙자 폭행 사건을 여기서도 다시 한번 생각해 봐요. 노숙자가 되어 구걸하는 삶을 사는 것이 개인의 게으름 때문이 아니라 국가가 복지 제도를 시행하지 않았거나, 잘못된 경제 정책으로 일자리를 만들지 못한 탓이라면 구조적인 폭력도 포함될 수 있다고 했어요.

그런데 이 사건에서 국가가 국가의 잘못을 숨기고 책임지지 않기 위해 노숙자 문제를 개인의 게으름과 무책임 때문에 생긴 사건이라고 주장하고, 그런 생각들을 널리 퍼뜨린다면 이건 문화적 폭력이 될 수 있어요. 국가가 의도적으로 생각을 퍼뜨린다면 국민들은 무의식적으로 그 생각을 받아들일 수밖에 없는 처지거든요.

자본주의 제도는 불평등이라는 약점이 분명히 있어요. 그런데 모든 것을 개인의 잘못으로만 돌린다면 불합리하겠지요?

과거 제국주의 국가들이 식민지를 약탈할 때도 미개한 나라를 개발시켜 준다고 합리화했던 것 역시 문화적 폭력이에요. 지금도 선진국의 대기업들이 후진국과 불공정한 무역으로 많은 부를 획득하는데도 쥐꼬리만큼 도와주면서 생색내는 것도 마찬가지고요.

문화적 폭력은 구조적 폭력보다 더 눈에 띄지 않는 경우가 많아요. 이미 그 사회에 속한 대부분의 사람들이 문화적 폭력을 잘못이라고 생각하지 못하거나, 아예 사람들의 생각이 문화적 폭력에 의해 지배당하기 때문이에요. 북한 주민들이 독재자인 김정은을 절대 복종을 해야 할 신처럼 우상화하고 떠받드는 것처럼 말이에요.

 문화적 폭력은 어디에 있을까요?

제가 학교에 다니던 시절의 선생님들은 무조건 존경하고 복종해야 하는 대상이었어요. 선생님의 그림자도 밟지 못한다고도 했지요. 이런 관습은 선생님을 존경하는 좋은 문화이기도 하지만 때로는 문화적 폭력으로 사용되기도 했어요.

일부 교사들은 이를 이용해 학생들에게 폭력을 행사했어요. 학생이 잘못한 경우가 아닌데도 자기가 기분 나쁘다고 분풀이하듯이 학생을 때리는 교사가 많았어요. 심지어 선생님에게 맞아 학생이 피가 나는 경우까지 있었어요.

믿기 힘들지요? 그러나 사실이에요. 더 놀라운 것은 당시에는 아무도 이것이 나쁜 것이라고 생각하지 못했다는 거예요. 선생님이 하는 일이니까 반대하거나 싫다고 하거나, 또는 저항할 생각도 못했던 것이지요. 이런 폭력도 스승에게 절대 복종해야 하는 문화가 만들어 낸 폭력인 셈이에요.

이렇게 문화적 폭력들은 이미 일상생활에 우리도 모르는 사이 깊숙이 침투해 버렸기 때문에 폭력인지 아닌지 논란이 많아요. 문화적 폭력을 '별로 문제가 되지 않는 일,' 또는 '폭력임에도 폭력이 아니라고 여기는 것,' 그리고 심지어 '옳은 것'이라고 말하기도 하고요. 이 때문에 문화적 폭력은 장기간에 걸쳐 진행되고, 책임을 묻기 어려워요. 따라서 없애는 것도 매우 힘들지요.

군대에서도 구조적 폭력은 물론이고 문화적 폭력도 있어요. 직접적인 폭력은 하급자를 때린 상급자에 의해 저질러졌지만, 한 개인의 잘못이나 우연한 사건이 아니에요. 늘 문

제가 되어 온 군대 안의 폭력적인 구조와 군사 문화가 이런 범죄를 가능하게 만든 것이지요.

많이 좋아지기는 했지만 여전히 군대는 계급이 지배하고, 상급자가 하급자에게 소위 '군기'라는 폭력을 행사해도 문제 삼지 않는 경우가 많아요. 국가 안보를 위해 필요하다고 주장하는 사람도 있지요. 정말 그럴까요? 상급자가 하급자를 폭력을 사용해서 엄격하게 다루지 않으면 군대가 제 기능을 하지 못하고, 국가 안보가 무너지는 것일까요?

스포츠 세계에도 이러한 문화적 폭력 때문에 사회 문제가 되는 경우가 많아요. 2008년 베이징올림픽에서 금메달을 땄던 사재혁이라는 선수는 후배 선수를 30분 동안 마구 때려서 6주간의 병원 치료를 받아야 할 만큼 큰 상처를 입혔어요. 역도 협회는 그를 역도계에서 쫓아내 버렸고, 그는 폭행죄로 구속되었지요.

이런 일은 단지 한 역도 선수의 직접적인 폭행으로만 볼 수 없어요. 스포츠계에는 이미 폭력이 널리 퍼져 있거든요. 날로 늘어나고 있는 구조적이고 문화적인 문제지요. 스포츠계에서는 선후배 문화가 너무 강한 데다, 좋은 성과를 위한 합숙 훈련이라는 이름 아래 같이 모여 살기 때문에 사고가 끊이지 않아요. 때리는 행위는 직접적 폭력이지만, 올림픽이나 월드컵에서 좋은 성적을 내기만 하면 다른 것은 용서할 수 있다는 식의 사회 분위기가 바로 문화적 폭력이지요.

세월호 참사에도 문화적 폭력이 담겨 있어요. 생명을 귀하게 생각하지 않는 사회, 죄 없는 학생들을 참사로 떠나보내고서도 책임질 줄 모르는 기업이나 정부 등은 모두 문화적 폭력이에요. 희생자들을 마치 보상금을 더 타 내려는 사람들로 비난하거나, 심지어 북한과 내통해서 국가에 반대하는 종북 세력으로 공격하는 것도 매우 질이 나쁜 문화 폭력이지요.

폭력은 나쁘다고 말하고, 폭력을 추방해야 한다고 말하지만 앞에서 말한 구조적인 폭력이나, 문화적인 폭력은 오래도록 사람들의 생활 속에서 익숙해져 버렸어요. 그러다 보니 사람들은 폭력인지 잘 모르고 참여하게 되는 경우도 많아요. 폭력의 피해를 보면서도 정작 폭력이라고 생각하지 못할 때도 많고요. 어떻게 보면 '폭력은 절대로 안 돼!'라고 말만 하는 것은 아무런 가치가 없을 수도 있어요. 정말 중요한 것은 폭력을 정확하게 찾아내고 멈추는 것이지요.

 **보복도 폭력일까요?**

우리가 놓쳐서는 안 될 폭력이 또 있어요. 그 첫 번째가 보복이에요. 다른 말로는 복수라고도 하지요. 보복도 폭력이 될 수 있는지 알아볼까요?

영화나 텔레비전 드라마에서 복수는 가장 흔하게 사용되는 주제예요. 복수극은 매우 자극적이기 때문에 일단 사람들의 관심을 끌기가 쉽거든요. 주인공이 엄청난 고난을 이겨 내고 복수극을 펼칠 때 사람들은 요즘 말로 '사이다'라고 하면서 좋아해요.

이런 복수극을 보면 악인을 벌하고 정의가 실현되는 것을 보며 쾌감도 느끼고, 어떨 때는 폭력이 정당하게 보이기도 해요. 심지어 주인공의 복수는 폭력이 아닌 것처럼 여겨지기도 하고요. 과연 그럴까요?

2001년 9월 11일 사상 최악의 테러 사건이 일어났어요. '알카에다'라는 이슬람 테러리스트들이 민간 여객기를 납치해서 뉴욕의 110층짜리 세계무역센터를 들이받아, 빌딩은 무너지고 수천 명의 사람들이 죽었어요. 또한 미국의 수도 워싱턴 근교의 국방부도 공격을 받았어요. 그동안 시간이 많이 흘렀지

만 당시 충격에 대한 후유증은 아직도 미국 사람들을 불안하게 만들고 있어요.

충격적인 테러가 일어난 직후 미국인들은 분노했어요. 정치인들은 한목소리로 강력한 복수를 다짐했지요. 그리고 곧이어 아프가니스탄과 이라크가 테러 집단을 뒤에서 도와주었다고 판단하고 이들을 상대로 전쟁을 일으켰어요.

미국인들은 이 전쟁은 무차별적인 폭력에 대한 정의로운 전쟁이라고 주장했어요. 다른 나라 사람들도 비극적인 일을 경험한 미국인들의 복수 전쟁에 어느 정도 이해와 동정심을 나타냈고요.

하지만 미국이 전쟁을 일으키는 것도 알카에다의 테러와 마찬가지로 폭력이라고 비판하는 사람들도 있었어요. 정의와 복수는 다르다고 주장했지요.

물론 당시 미국 사회의 분위기로는 이런 얘기를 꺼내기가 어려웠지만 그들의 말은 사실이에요. 알카에다의 테러가 용서하기 어려운 폭력이지만, 무고한 아프간과 이라크 민간인들을 향해 전쟁을 일으킨 것도 같은 폭력인 것이지요.

실제로 미국의 복수는 의도대로 깔끔하게 끝나지 못했어요. 10년이 넘는 기간 동안 양측 모두에게 엄청난 피해를 끼쳤지요. 정의의 이름으로 전쟁을 했지만 알카에다를 포함한 이슬람 테러 집단이 없어지기는커녕 더욱 세력을 확장하고 말았어요. 두 전쟁으로 이번에는 미국에 대한 이슬람 사람들의 분노가 커졌기 때문이에요. 폭력이 폭력을 부르는 악순환이 되고 만 거예요.

무기를 가진 강도가 들어와서 생명을 위협하거나 적이 침략했을 때, 이를 무력을 동원해서 막을 경우 우리는 정당방위라고 불러요. 다시 말해서 폭력이 생명을 위협하는 상황에서 폭력을 동원해서라도 막는 것에 한해서는 정당하다고, 어쩔 수 없는 폭력이라고 인정한다는 것이지요.

그러나 폭력을 당했다고 해서 폭력을 통해 보복하는 것이 항상 정의로운 것은 아니에요. 아닌 경우가 훨씬 더 많아요. 폭력은 폭력으로 대항하지 말고, 비폭력으로 대응하는 것이 진짜 정의예요.

 ## 자해도 폭력일까요?

보복처럼 놓쳐서는 안 될 두 번째 폭력은 자해예요. 자해는 자기 자신한테 가하는 폭력인데, 이 역시 폭력이에요. 앞서 살펴본 것처럼 세계보건기구 WHO가 말하는 폭력은 상대방에 대한 것뿐만 아니라 자기 자신에 대해 위협하거나 사용하는 물리적인 힘도 포함하고 있어요.

심리학자들은 자해는 자신을 다른 사람으로 만든 다음 폭력을 가하는 것이라고 말해요. 그런 의미에서 자해가 아무리 상대방이 아닌 자기 자신에게 행한 폭력이라고 해도 단순하게 개인 차원으로 내버려 둘 수는 없어요. 왜냐하면 자해 역시 상대방이나 주변 사회, 환경에 대해 매우 위험한 폭력을 휘두르는 것이니까요.

예전에 텔레비전에서 방영되었던 '우리 아이가 달라졌어요.'라는 프로그램을 알고 있나요? 수많은 아이들이 나쁜 버릇을 마법처럼 고쳐 가는 과정을 보여 주어 시청자들의 많은 인기를 얻었지요.

이 프로그램에서 화가 나면 자해를 하는 다섯 살 아이의 이야기가 방송된 적이 있어요. 이 아이는 툭하면 벽에 자신의 머리를 일부러 박고, 심지어 자기 손으로 자기를 때리기까지 하는 행동을 보였지요. 엄마의 관심을 받기 위한 행동이라고 하지만 막무가내로 소리 지르고, 떼쓰고 동생에게 무지막지한 폭력까지 쓰는 아이를 보며 엄마는 어찌할 바를 몰라 했어요.

자기를 해하는 폭력을 사용하는 성인들도 꽤 많아요. 영화 〈캐리비안의 해적〉의 주인공 역할을 했던 조니 뎁이라는 유명한 배우는 아내와 부부 싸움을 하던 중에 자기 손가락을 자르는 등 자해를 했다는 보도가 나오기도 했어요. 이 모습을 목격한 아내는 어땠을까요? 아마 무척 고통스러웠을 거예요.

이처럼 자해를 하는 사람들 주위의 가족들이나 친구들은 자해 장면을 목격하는 것만으로도 공포를 느껴요. 자해는 자신뿐만 아니라 당사자 주변의 사람들에게도 부정적인 영향을 끼치지요.

자해 폭력의 가장 심각한 형태는 자살이에요. 자살은 스스로 자신의 생명을 끊는 행위를 말해요. 과거 반세기 동안 자살률이 전 세계적으로 약 60퍼센트가 증가했어요.

한국의 자살률은 2016년 기준으로 인구 10만 명 당 28.7명이고, 14년째 OECD 국가 중 1위를 달리고 있어요. 2위인 일본과 비교해도 훨씬 높은 수치이지요. 한국의 자살률은 일본

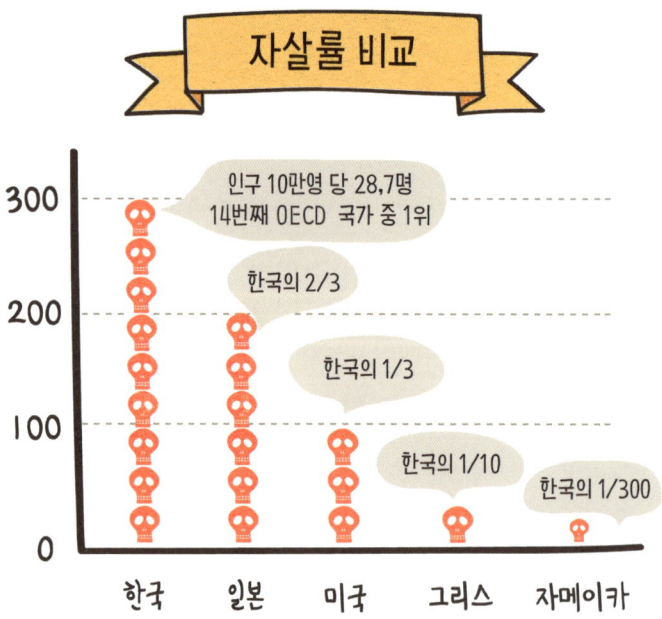

보다 약 0.5배 더 높고, 미국보다는 3배, 바레인이나 그리스보다는 10배, 자메이카보다 300배나 높아요.

자해는 피해자와 가해자가 같기 때문에 심각한 폭력으로 여기지 않기도 해요. 개인적인 사고로 생각하는 경우가 많지요. 하지만 앞서 말한 바와 같이 자해를 목격하는 사람이 정신적으로 큰 피해를 입을 수 있기 때문에 간과해서는 안 돼요. 뿐만 아니라 자해를 하는 사람은 타인에 대한 폭력성도 높을 수 있기 때문에 자해를 폭력으로 여기고 주의 깊게 관찰할 필요가 있어요.

 **피해자의 말이 우선이에요!**

폭력이 맞는지 아닌지 판단하기 어려울 때는 피해자의 말이 가장 중요해요. 앞에서 이야기한 지아의 경우를 볼게요. 친구들이나 엄마가 지아를 때린 것은 아니지만 지아는 죽고 싶을 정도로 괴롭다고 했어요. 이런 경우 피해를 입은 사람이 명백히 존재하고, 피해자가 고통 받았으니 폭력이라 할 수 있어요.

일상생활에서도 폭력이라고 할 수 있는 경우가 많아요. 어떤 어른이 지나가는 아이가 귀엽다고 엉덩이를 만졌는데 아이가 수치심을 느꼈다면 이건 폭력이에요. 또 친근하다는 의미로 말할 때 욕을 섞어서 썼는데 듣는 사람이 모욕감 또는 불쾌함을 느낀 경우에는 언어폭력을 썼다고 볼 수 있고요.

 그런데 왜 피해자의 말이 중요할까요? 앞서 이야기한 상황의 공통점은 모두 폭력을 행한 사람이 무심코 저지른 일이라는 거예요. 즉 폭력의 가해자가 폭력을 저질렀다고 인식하지 못하는 상황이지요. 피해자는 고통을 호소하지만 고통을 준 사람은 전혀 그 사실을 모르는 이런 상황도 분명히 폭력이에요.
 이처럼 폭력은 가해자가 생각하는 것과 피해자가 생각하는 것이 다를 때가 많아요. 하지만 가해자가 의도를 갖고 행동하지 않은 경우에도 피해가 생길 수 있기 때문에 혹시 나도 폭

력을 저지르지는 않았는지 항상 조심해야 해요. 누군가가 나의 행동으로 인해 고통을 받았다면 나는 폭력의 가해자가 될 수 있거든요.

물론 피해자가 일방적으로 폭력인지 아닌지를 결정하면 가해자가 자기의 의도는 그게 아니었다고 억울할 수도 있을 거예요. 하지만 억울하게 생각하기보다는 그만큼 상대방 입장에서 생각하고 조심해야 해요.

폭력은 나쁜 것?

폭력이 무엇이냐고 물으면 일단 '아! 폭력은 나쁜 것'이라는 생각이 먼저 들어요. 물론 맞는 말이에요. 하지만 '맞다! 틀리다!'는 식으로 도덕적인 판단만 하면 폭력의 다양하고 복잡한 모습을 제대로 보지 못할 수가 있어요.

앞서 이야기한 것처럼 폭력은 종류도 많고, 여러 가지 상황이 얽혀 있기도 하거든요. 미처 깨닫지 못하고 지나가는 경우도 많고요. 그래서 폭력 문제를 해결하려면 더 큰 원인이 어디에 있는지 반드시 따져 봐야 해요.

지난 2015년 말, 시위를 하던 백남기라는 농민이 경찰이 뿌린 물대포에 맞아 쓰러져 의식 불명에 빠졌다가 결국 사망하는 사건이 있었어요. 경찰은 백남기 씨가 경찰이 만든 차벽을 뚫기 위해 강제로 버스에 묶인 밧줄을 잡아당기는 등 무력시위를 했기 때문에 물대포를 쏜 것은 법대로 한 일이라고 주장했어요.

반대로 유족들은 폭력을 행사한 것은 오히려 경찰이라고 맞섰어요. 이런 경우에는 누구의 말이 맞을까요? 백남기 씨가 무력시위를 했기 때문에 경찰이 물대포를 쏜 행위가 정당한 걸까요? 또 시위의 직접적인 원인을 제공한 국가는 아무런 책임이 없을까요?

이처럼 폭력은 매우 복잡하고 어려운 문제예요. 그러니 폭력은 나쁘다는 단순한 감정만으로 판단해서는 안 돼요. 그리고 또 하나 기억해야 할 것이 있어요. 폭력이 나쁘다고 아무리 주장한다고 해도, 그 주장만으로는 절대 폭력이 사라지지 않는다는 사실이에요. 폭력을 휘두른 사람을 비난하고 처벌한다고 해서 저절로 해결되지도 않고요.

도덕적으로 법적으로 폭력이 나쁘다고 지적하는 것도 필요하지만, 폭력이 넘쳐 나는 이유를 분명히 밝혀내는 것도 꼭 필요해요. 그리고 폭력의 이유가 되는 것들을 뿌리 뽑아 폭력을 몰아내고, 평화로운 사회를 만드는 방법도 깊이 고민해야 해요.

이런 것도 폭력일까요?

우리 반은 지각하면 벌금을 내요. 벌금이 모이면 피자와 햄버거, 치킨을 사서 파티를 하죠. 벌금이 내기 싫거나 형편이 안 되면 담임선생님께 손바닥을 한 대씩 맞는 걸로 벌금을 대신해요. 나는 벌금을 내기 싫어요. 그렇다고 맞는 건 더 싫어요. 하지만 어쩌다가 지각을 할 때가 있어요. 아침에 차가 너무 많이 밀리거나 예기치 못한 사고가 있으면 지각을 할 수밖에 없거든요.

어느 날 아침, 자전거를 타고 오다가 체인이 풀리는 바람에 지각을 하고 말았어요. 그날은 어쩔 수 없이 벌금을 냈어요. 나는 이런 상황이 정말 싫어요. 대체 벌금을 걷어서 파티를 하자고 한 건 누구의 의견이었을까요? 난 파티하고 싶은 마음도 없는데…. 지각은 잘못한 일이 맞지만 벌금을 걷거나 손바닥을 맞는 게 당연한 걸까요? 나는 이런 제도가 싫은데 강제로 해야 할 때는 어떻게 해야 할까요? 이런 것도 구조적, 문화적 폭력이라고 할 수 있을까요?

단체 생활을 하다 보면 마음에 썩 내키지는 않지만 정해진 규칙대로 해야 할 때가 종종 있어요. 규칙을 지키는 건 좋지만 어쩔 때는 강제로, 억지로 해야 할 때도 있지요. 그렇다고 이런 상황을 모두 폭력이라고 말할 수는 없어요. 이럴 때는 엄격한 기준으로 폭력인지 아닌지를 판단해야 해요.

 학교 폭력을 해결하는 방법

여러 사람이 함께 생활할 때는 서로에게 피해를 줘서는 안 돼요. 그래서 규칙을 만드는데, 반드시 모두의 동의를 얻어야 하죠. 단체의 구성원 모두가 지켜야 하는 규칙이니까요. 규칙을 정하는 사람은 똑똑하고 힘을 가진 일부가 아니라 모두예요. 반대 의견을 가진 단 한 사람이 있다고 하더라도 토론을 통해서 생각을 교환하고, 설득해야 해요. 위의 경우에서는 규칙이 어떤 과정을 거쳐서 만들어졌는지가 매우 중요해요. 만약 선생님이나 반장처럼 힘을 가진 한 사람이 독단적으로 규칙을 정했다면 폭력일 수 있어요. 하지만 모두가 동의했고, 함께 지키기로 약속했다면 폭력이 아니지요. 어때요? 폭력인지 아닌지 판단할 수 있겠지요?

권력을 이용해서 독단적으로 결정하는 것은 폭력일까요? 독재자는 어떤 폭력을 쓸까요?

3 폭력을 왜 사용할까요?

폭력의 원인: 본능일까? 환경일까?

지금까지 우리 사회 곳곳에 숨어 있는 폭력들을 찾아봤어요. 폭력이 무엇인지 분명히 알고 경계함으로써 폭력을 뿌리 뽑기 위해서였지요. 그런데 폭력을 없애기 위해서 또 한 가지 중요한 게 있어요. 바로 폭력을 왜 쓰는지 그 원인을 알아보는 거예요. 폭력의 원인을 알아야 완전히 추방할 수 있거든요.

사람들이 폭력을 왜 쓰는지 알아보기에 앞서 사람과 가장 비슷한 동물인 고릴라는 어떤지 살펴보기로 해요.

고릴라는 약하거나 작은 동족을 괴롭히지 않는다. 다툼이 벌어지면 제삼자가 끼어들어 먼저 공격한 쪽에게 충고하고 공격당한 쪽을 감싸 준다. 그리고 상대를 공격하더라도 막다른 곳까지 몰아붙이지 않는다. 적개심을 보이는 것은 오직 자신이 부당한 대우를 받았을 때이며, 자기주장이 상대 고릴라에게 전해지면 그걸로 상황은 정리된다.

위의 글은 고릴라 연구로 유명한 야마기와 주이치의 《폭력은 어디서 왔나?》(곰출판)라는 책에 나오는 내용이에요.

우리는 자기 가슴을 거칠게 쾅쾅 치며 사람을 향해 돌진하는 할리우드 영화 속 킹콩의 모습을 고릴라의 진짜 모습으로 생각하고 있어요. 영화에서 고릴라는 매우 난폭한 존재로 그려지고 있지만, 주이치 박사는 그렇지 않다고 해요.

물론 고릴라들도 싸우고 때로 폭력을 쓰기도 하지요. 하지만 상대방을 죽일 듯이 싸우지는 않고, 싸우더라도 마지막에는 반드시 마주 보며 서로 화해한다고 해요. 그리고 고릴라들은 대부분 인간보다 평화적이며 인간처럼 끝까지 가는 승패의 개념이 없대요.

이런 면을 보면 인간이 동물보다 훨씬 더 폭력적인 것 같아요. 끝까지 승부를 가려야 하고, 승부가 난 이후에도 상대를 멸망시키고, 더 나아가 가족들까지 몰살하는 경우도 많잖아요.

그런데 인간이 이렇게까지 폭력적인 이유가 뭘까요? 정말 인간의 본성이 원래부터 폭력적일까요? 아니면 살아가는 환경 탓일까요? 이는 학계에서 오랫동안 논란거리가 되어 왔어요. 폭력과 인간의 본성에 대한 여러 가지 주장이 있지만 크게 두 가지로 정리할 수 있어요.

첫 번째는 사람은 태어날 때부터 싸우기를 좋아하는 본성을 가졌다는 주장인 '유전자 결정론'이에요. 두 번째는 사람은

 원래 순하고 착한 존재로 서로 평화롭게 사는 본성을 가지고 태어났지만 살아가면서 경쟁에서 이기려고 폭력을 사용하게 되었다는 '환경 결정론'이고요. '성선설'과 '성악설'의 논쟁과 비슷하지요?

 '유전자 결정론'의 중요한 증거로 사용되는 세마이족 이야기가 있어요. 말레이 반도에 사는 세마이족은 과거에는 폭력이라고는 전혀 모르고 살았대요. 그런데 1950년대 영국 정부가 공산주의 게릴라와 싸우려고 훈련시켰더니 매우 잔인하고

폭력적으로 변했다고 해요. 폭력을 배우지도 않았던 세마이족 사람들이 너무도 자연스럽게 폭력을 휘둘렀다는 점은 인간이 본래부터 폭력성을 갖고 있다는 증거가 될 수 있어요.

하지만 '환경 결정론'의 주장도 만만치 않아요. 사람들은 싸울 이유가 없으면 싸우지 않고, 주변 환경이 싸우게 만든다는 것이에요. 인류가 유목 생활을 할 때는 사냥해서 잡은 것을 골고루 나누어 먹었기 때문에 폭력을 행사할 필요가 없었지만, 사람들이 곡식을 재배하고 저장하게 되면서부터 이를 지키기 위해, 또는 빼앗기 위해 싸우기 시작했다는 거예요. 사냥 시대에는 함께 먹이를 구해 나눠 먹는 정신이 지배적이었는데, 저장하기 시작하면서부터 내 것과 남의 것이 구별되었다는 것이지요. 창끝이 사냥 대상을 향하다가, 이제는 같은 집단의 사람들을 향하기 시작했다고 '환경 결정론'은 주장해요.

여러분 생각은 어떤가요? 고릴라 연구를 보면 상대를 아예 깡그리 없애 버리려는 잔인한 폭력성은 인간에게만 보이는 특성 같아요. 하지만 설령 그렇다고 해도 완전히 고칠 수 없는 것은 아니에요. 인간의 역사를 돌아보면 인간에게는 갈등과 폭력의 본성만 있는 것이 아니라, 협력과 평화의 본성도 있다는 걸 알 수 있거든요. 그리고 만약 인간에게 원래부터 폭력성이 있다고 하더라도 동시에 인간에게는 이성이 있어요. 폭력은 이성으로 억누를 수 있는 경우가 많아요.

폭력이 인간의 본능이고 유전자 때문이라면 폭력을 근절시키기는 힘들어요. 하지만 폭력은 어느 한 가지만의 이유라기보다는 유전자와 환경이 합쳐진 결과예요. 바로잡을 수 있는 여지가 있다는 뜻이에요. 그러니 폭력의 원인을 좀 더 다양하게 살펴보고 폭력이 없는 사회를 만들도록 노력해야 해요.

 **두려움과 질투는 폭력의 시작**

폭력의 원인에 대해서 심리학자들의 말을 한 번 더 들어 볼 필요가 있어요. 심리학자들은 폭력이 인간의 욕심과 더불어 불안하고 두려운 마음 상태 때문에 생긴다고 봐요. 물론 심한 경우에는 유전적 원인이나 정신 질병에 의해 발생하는 폭력도 있지만, 대부분은 욕심과 불안이 그 원인이라고 해요.

욕심은 때로 열심히 살아가게 하는 만드는 힘이지만 부정적인 면도 분명히 있어요. 원하는 대로 가지지 못할 때 화가 나게 되고, 화는 폭력으로 이어질 수 있거든요. 욕심과 분노의 밑바닥에는 내 뜻대로 되지 않은 데 대한 불안 심리가 깔려 있어요.

우리가 살아가는 세상은 사람들이 원하는 것보다 가질 수 있는 것이 훨씬 적어요. 아무 노력 없이 가질 수 있는 것은 거의 없지요. 심지어 맑은 공기나 따뜻한 햇볕조차도 노력이나 돈이 들기도 해요. 모든 것을 원하는 대로 가질 수 없고, 충분하지 않은 자원을 두고 많은 사람들이 치열하게 경쟁하기 때문에 욕심을 채우지 못하는 것이지요.

그런데 여러 사람의 욕심이 겹치면 갈등이 생겨나요. 때로는 갈등이 대화나 양보로 싸움에 이르지 않을 수도 있지만, 폭력적인 충돌까지 가는 경우도 있어요.

욕심뿐만 아니라 질투도 폭력의 원인이 될 수 있어요. 성서에 나오는 카인과 아벨의 이야기에서 우리는 폭력과 질투심의 관계를 발견할 수 있어요. 형 카인은 하나님에게 드리는 제사에서 동생 아벨만 편애하고 자신은 미워한다는 열등감과 질투심을 느꼈어요.

결국 하나님의 사랑을 차지하기 위한 경쟁심으로 동생을 죽이기에 이르렀지요. 승부에 매달리면 매달릴수록 동생은 항상 성공만 하는 것 같고, 자기는 실패자가 된다고 생각한 거예요. 패배감에 빠지자 극단적인 행동까지 저지르게 된 거고요. 우리가 아는 많은 동화들에서도 이런 형제간의 질투와 경쟁심이 불러온 비극이 자주 등장해요.

그런데 성서는 중요한 사실을 하나 더 말하고 있어요. 카인이 동생을 살해한 죗값으로 세상을 떠돌아다니게 되었는데, 더 큰 형벌이 있었어요. 카인이 모든 사람들이 자신에게 폭력을 휘두를 것이라는 공포심에 싸이게 된 거예요. 카인 자신도 매일 일상에서 위협을 느끼며 힘든 삶을 살아가게 된 거지요.

그는 이런 위협에서 살아남기 위해 더 폭력적이 되고, 더 폭력적이 될수록 위험은 더 커지는 악순환에 빠져요. 낯선 상대가 자기의 안전을 위협한다는 공포심으로 인해 그 낯선 상대를 먼저 공격해야 하는 처지가 된 거예요.

 **꼴찌는 맞아도 될까요?**

폭력이 발생하는 이유들에 대해서 살펴보았는데요. 본능과 삶의 환경이 모두 이유가 된다고 했어요. 그리고 폭력은 열등감, 경쟁심, 질투심, 불안감 같은 것들 때문에 생긴다고도 했어요. 그런데 이런 폭력이 거의 모든 장소에서, 거의 모든 사람들에게 발생한다면 어떨까요?

폭력은 개인에서 머물지 않고 사회 전체의 문제로 커져요. 카인이 질투심 때문에 동생을 죽인 폭력을 저지른 이후, 자신을 포함해서 모든 사람들에게 폭력이 퍼져 나갔던 것처럼요. 게다가 앞에서 설명했듯이 직접적인 폭력을 넘어 구조적으로 굳어지고, 문화에 의해 키워져 왔어요.

오늘날의 무한 경쟁 사회가 폭력을 키우는 가장 큰 이유라는 데 전적으로 동감해요. 세계적으로도 그렇지만 한국에서 더욱 심각하지요. 또 학교 폭력만 그런 것이 아니라 다른 폭력들도 마찬가지라고 생각해요.

제가 학교에 다닐 때는 매를 맞는 일이 많았어요. 지각했다고 맞고, 수업 시간에 꾸벅꾸벅 존다고 맞고, 청소를 깨끗하게 하지 않았다고 맞고……. 그런데 가장 이해할 수 없는 매질은

공부를 못하는 아이들을 때리는 것이었어요.

　1등이 있으면 누군가는 낮은 등수가 될 수밖에 없고, 꼴찌는 항상 나오는데 왜 맞아야 하는지 알 수가 없었지요. 심지어 등수만큼 때리기도 했어요. 11등은 11대 12등은 12대, 이런 식으로 말이에요. 결국 반의 꼴찌였던 60등은 60대나 맞아야 했지요. 지금 생각해도 이해할 수 없는 폭력이에요.

　이런 폭력들은 당장에 신체에 손상을 가하는 것도 문제지만, 장기적으로는 더 안 좋은 영향을 미쳐요. 맞는 학생이나 맞지 않는 학생이나 모두 공부만 잘하면 안 맞아도 되는구나, 그러니 공부를 잘해야 한다고 생각하게 되거든요. 실제로 공부를 잘하면 학교 규칙을 어기거나 나쁜 짓을 해도 봐줬으니까요.

　공부를 못하는 일이 결코 맞아야 하는 잘못이 아닌데도 결국 공부를 못하면 맞아도 당연하다는 식으로 폭력에 길들여져요. 배움의 장소가 되어야 할 학교에서 폭력의 당연함을 배우는 어이없는 일이 일어나는 것이지요.

　더욱 심각한 것은 무한 경쟁과 폭력의 관계가 학교에서 멈추지 않고 사회 전체로 확대된다는 거예요. 우리나라는 한국 전쟁의 상처를 이겨 내고 아주 짧은 시간에 엄청난 경제 발전

을 이루어 냈고, 이는 세계가 인정하는 자랑거리가 되었어요.

그런데 여기에 무서운 함정이 있어요. 정직, 정의, 관용 등 인간됨의 기본 가치들은 깡그리 무시되고, 돈만 된다면, 이길 수만 있다면, 성공할 수만 있다면 온갖 부정과 반칙을 일삼게 된 것이지요. 게다가 사회는 그런 사람들을 벌하지 않고 눈감아 주었고요.

어린 시절부터 사람답게 사는 것보다 이기는 것을 가르치고, 함께 공동체를 이루는 것보다 출세하기 위해 상대방을 깔아뭉개도 문제 삼지 않았어요. 그렇게 해서 결국 혼자만 살겠다는 이기심이 지배하는 사회가 되어 버린 거예요.

지나친 경쟁 사회는 폭력에 매우 약할 수밖에 없어요. 왜냐하면 자신을 제외한 모든 사람이 경쟁 상대가 되고, 그 상대와 함께 사이좋게 살기보다는 상대를 이겨야 하니까요. 승리에 대한 유혹은 폭력을 부르기 쉬워요.

폭력은 정상이 아니라 비정상 상태예요. 사람은 다른 사람과 함께 어울려 살기 때문에 갈등이 생기는 것은 얼마든지 있을 수 있는 일이에요. 하지만 그것이 폭력이 되는 것은 비정상이지요. 사람의 몸이 감염된 것과 같은 것이라고나 할까요? 폭력이 병균이라면 그 병균에 감염된 사람들이 폭력을 휘두르는 것이지요. 우리 사회가 그런 폭력에 병든 사회가 되어 가고 있다는 것은 무척 가슴 아픈 일이에요.

 **폭력이 판치는 사회로 만든 범인은 누구?**

이 시점에서 매우 중요한 질문을 하나 던질 필요가 있어요. 과연 우리 사회를 이러한 폭력이 판치는 사회로 만들어 버린 범인이 누구냐는 질문이에요. 그것은 바로 무한 경쟁 속에서 승자가 모든 것을 차지해 버리는 사회, 계급이 정해져서 사람을 차별하는 사회나 이런 체제에서 가장 큰 이득을 보는 사람들이겠지요.

자본주의 사회에서 부자가 되고 싶은 사람들이 많은 것은 어쩌면 당연해요. 그런데 문제는 부당한 방법으로, 폭력적인 방법으로 부와 지위를 독차지하려는 사람들이 너무 많다는 것이에요.

오늘날 부자와 높은 자리에 있는 사람들은 국민들을 자신들의 종이나 머슴으로 생각하는 경우가 많아요. 국민을 개나

　돼지와 같다고 말하는 고위 공무원까지 있었지요. 이런 사람들은 자신의 이익을 위해 강자의 폭력이 통하고, 약자는 언제나 피해자인 사회 구조를 유지하려고 해요. 또한 이런 상황을 교육, 문화, 종교를 통해서 당연한 것처럼 만들어 가고요. 이들의 주장에 반기를 들어 다 함께 행복하게 사는 것을 주장하면 적으로 몰아세우지요.
　그런데 이런 반칙과 부정을 통해 부와 높은 지위를 유지하려는 사람들 자체도 문제가 있지만, 국가가 이들의 편에 서서 이들을 위해 봉사한다는 것이 더 큰 문제예요. 국가는 공공의 이익을 위해, 특히 약자를 위해 일해야 하는데 말이에요.

국가는 약자를 도와야 해요. 아리스토텔레스는 '인간은 정치적 동물'이라는 유명한 말을 했어요. 이 말에서 정치를 빼면 동물이 되지요. 즉 인간이란 본래 욕심 많은 존재이므로 조금이라도 더 가지고 싶어 하기 때문에, 정치가 없으면 강한 자가 모든 것을 독차지하는 짐승의 세계가 된다는 뜻이에요.

짐승의 세계에서는 힘센 놈이 약한 놈을 잡아먹는 것이 자연 법칙이지만, 인간 세계에서는 국가가 정치를 통해 폭력을 멈추고 약자들을 돌봐야 해요. 그렇게 하기 위해 국가를 만든 것이고요. 그런데 언제부터인가 우리가 사는 세상에서 약자를 위해 존재해야 할 국가가 본연의 의무를 다하지 못하면서 강자가 약자를 지배하고 약탈하는 야만의 정글로 변하고 있어요.

오늘날에는 국가가 제 역할을 못하고 무너지고 있어요. 국가가 오히려 강자의 편에 서서 그들의 이익을 위해 봉사하게 된 것이지요. 그러면서 사회는 상대방을 제압하고 빼앗아야만 가질 수 있는 폭력의 세계가 되었어요. 세계 전체도 그러하지만 특히 한국에서는 패자들에 대한 승자들의 폭력이 날로 심해지고 있어요. 그래서 '갑질 천국의 헬조선'이라는 말까지 나왔고요. 정말 슬픈 현실이지요.

분풀이를 위해 약자를 괴롭히는 최악의 폭력

국가가 제 역할을 하지 못하면서 생긴 희생자 중 하나는 한국의 미래를 지고 가야 할 청년 세대라고 할 수 있어요. 부모가 부자라서 물려받을 것이 있는 이른바 금수저들은 이런 사회가 만족스럽겠지만, 가진 것이 없는 흙수저들에게는 희망도 없어졌어요. 부자가 아닌 사람들이 살기 힘든 세상, 그래서 결국 부자가 아니면 사회적 약자로 살아갈 수밖에 없는 세상이 된 거예요.

그런데 더 슬픈 것은 약자들끼리 서로를 미워하는 폭력이 발생한다는 사실이에요. 특히 여성과 성소수자, 장애인들 같은 약자들을 향한 혐오 폭력이 폭발적으로 늘어났다고 해요. 지난 2016년 5월 강남역에서 한 여성을 끔찍하게 살해한 사건은 우리 사회를 큰 충격에 빠뜨렸지요. 그 이후에도 길 가던

여성이나 노인을 몽둥이로 끔찍하게 내리쳐서 다치게 하는 사건, 또 어린 여자아이를 대상으로 한 끔찍한 사건들도 있었어요.

원래 사회적 약자, 그러니까 여성이나 어린이, 노인, 장애인을 대상으로 한 범죄들은 종종 있었어요. 주로 절도나 강도 등 생계형 범죄에서 힘이 약한 사람들을 범죄 대상으로 삼았지요. 하지만 분풀이를 하기 위해 자신보다 힘이 약한 사람을 괴롭히는 폭력은 최근에 많이 발생하고 있어요.

어떤 남자가 자신의 경험담을 적은 글이 생각나요. 그는 머리를 여자처럼 길게 기르는 것을 좋아했다고 해요. 그런데 밤길을 혼자 걷다가 갑자기 술에 취한 남자들이 아무 이유도 없이 주먹으로 머리를 치는 경험을 여러 차례 했다고 해요. 참다못한 그가 머리를 짧게 깎고 나자 다시는 그런 일이 일어나지 않았지요. 정말 놀랍지 않나요?

자신보다 약한 사람을 괴롭히는 악질적인 폭력은 폭력 중에서도 최악의 폭력이에요. 하지만 악질적인 폭력을 비난하는 것에서 그치지 말고 무엇이 우리 사회를 이렇게 만들었는지 명심해야 해요.

 ## 폭력은 다름을 인정하지 않는 데서 시작해요

　1994년 4월 6일 아프리카 중동부의 작은 나라 르완다에서 내전이 발생했어요. 그 후 100일간 약 100만여 명이나 목숨을 잃었지요. 대학살이었어요. 그런데 내전이 발발하기 전 오랜 기간 동안 방송을 통해 상대 종족을 인간으로 존중받을 가치가 없는, 없애야 할 '바퀴벌레'라고 불렀어요.

　그러니까 사람을 마치 바퀴벌레를 없애는 것처럼 아무런 거리낌 없이 닥치는 대로 죽였던 거지요. 히틀러의 나치들도 유대인을 학살했을 때 유대인을 좀벌레라고 불렀어요. 아무런 잘못도 하지 않았는데, 단지 자기가 속한 민족, 인종, 지역, 국가, 성별 때문에 그냥 살인의 대상이 되어 버린 거예요.

　하늘이 사람에게 준 권한인 행복할 수 있는 권리, 즉 인권이라는 것이 있는데 폭력은 이런 인권을 무참히 짓밟는 행위예요. 사람은 다를 뿐이지 누구는 행복하고, 누구는 불행해야 하는 식의 차별의 대상은 아니에요. 모든 차별은 다 나쁘지만 특히 그 사람의 책임이 전혀 없는 피부색, 인종, 언어, 민족, 나이, 국가 등의 이유로 차별을 받는 것은 가장 나빠요.

　독일이 유대인에게 그랬고, 일본이 한국인과 중국인들을 학살했어요. 누군가의 말처럼 세계 지도를 펼쳐 놓고 역사적으로 학살이 일어난 곳을 모두 표시하라고 한다면, 아마도 빈틈을 찾기 힘들 거예요. 누구도 그렇게 태어나는 선택을 하는 것이 아니잖아요. 다른 것이지 틀린 것이 아니지요. 서로 다르다는 것을 인정하는 것으로부터 폭력이 사라지는 출발점이 될 수 있다고 생각해요.

누구나 폭력을 휘두르고 싶을 때가 있어요

학교에서 탁구 대회를 했어요. 나는 이번 대회에서 꼭 우승하려고 한 달간 매일 저녁 엄마와 함께 탁구 연습을 했어요. 힘들었지만 조금씩 실력이 늘어 결승전까지 무난하게 올라갔어요. 마침내 결승전이 다가왔어요. 경기는 팽팽했어요. 1세트는 접전 끝에 내가 이겼고, 2세트는 1세트에서 힘을 뺀 나머지 형편없이 지고 말았어요. 3세트 역시 접전이었어요. 하지만 승부가 내 쪽으로 기울 때마다 레이저 포인터의 빨간 불빛이 시야를 어지럽혀서 점수를 잃고 말았지요. 심판에게 항의했지만 경기는 계속됐고, 결국 졌어요.

경기가 끝나고 난 후, 레이저 포인터로 내 시야를 흔들었던 친구를 찾아갔어요. 그 친구는 그런 적 없다고 딱 잘라 말했어요. 목격한 사람들은 나 말고도 여럿이었어요. 그런데 그 사람들 모두 침묵했어요. 나는 너무 화가 났고 억울했어요. 참을 수가 없었어요. 결국 나는 분노를 참지 못하고, 그 친구에게 폭력을 휘둘러 버렸어요. 정신을 차리고 보니 나는 이미 그 친구를 흠씬 두들겨 패고 난 다음이었지요. 나는 이제 어쩌죠? 나도 폭력의 가해자가 된 건가요?

누구나 폭력을 휘두르고 싶은 마음이 생길 때가 있어요. 자기 뜻대로 되지 않아 화가 나거나 억울할 때가 있지요. 그렇다고 그런 마음이 들 때마다 폭력을 휘두르면 세상에 폭력을 쓰지 않는 사람은 아마 거의 없을 거예요. 그럼 이렇게 억울하고, 화가 날 때는 어떻게 해야 할까요? 일단 심호흡을 하면서 화를 참도록 노력해요. 그래도 마음이 안정되지 않는다면 폭력 말고 다른 방법으로 해결해야 해요.

 학교 폭력을 해결하는 방법

일단 화가 나서 폭력을 쓰고 싶어질 때는 왜 화가 났는지 곰곰이 생각해 봐야 해요. 결승전에서 질 수밖에 없었던 결정적인 이유를 제공한 친구가 왜 그랬는지 먼저 알아봐야겠지요. 그리고 그 이유가 정당한지 고민해 봐야 해요. 내가 겪게 된 불이익에 대해서도 그 친구에게 충분히 설명해 주고, 서로의 생각을 충분히 교환하고 이해해야 해요.

만약 그래도 화가 난다면 폭력 말고 다른 방법으로 해결해 봐요. 이를테면 큰 소리로 소리를 지르거나, 커다란 이불 더미를 만들어 놓고 거기에 주먹질을 한다거나 하면 조금은 화가 풀릴지도 몰라요.

사람들은 누구나 다 폭력성이 있을까?
그렇다면 누구나 다 폭력의 가해자가 될 수도 있을까?
폭력의 가해자가 되지 않으려면 어떻게 해야 할까?

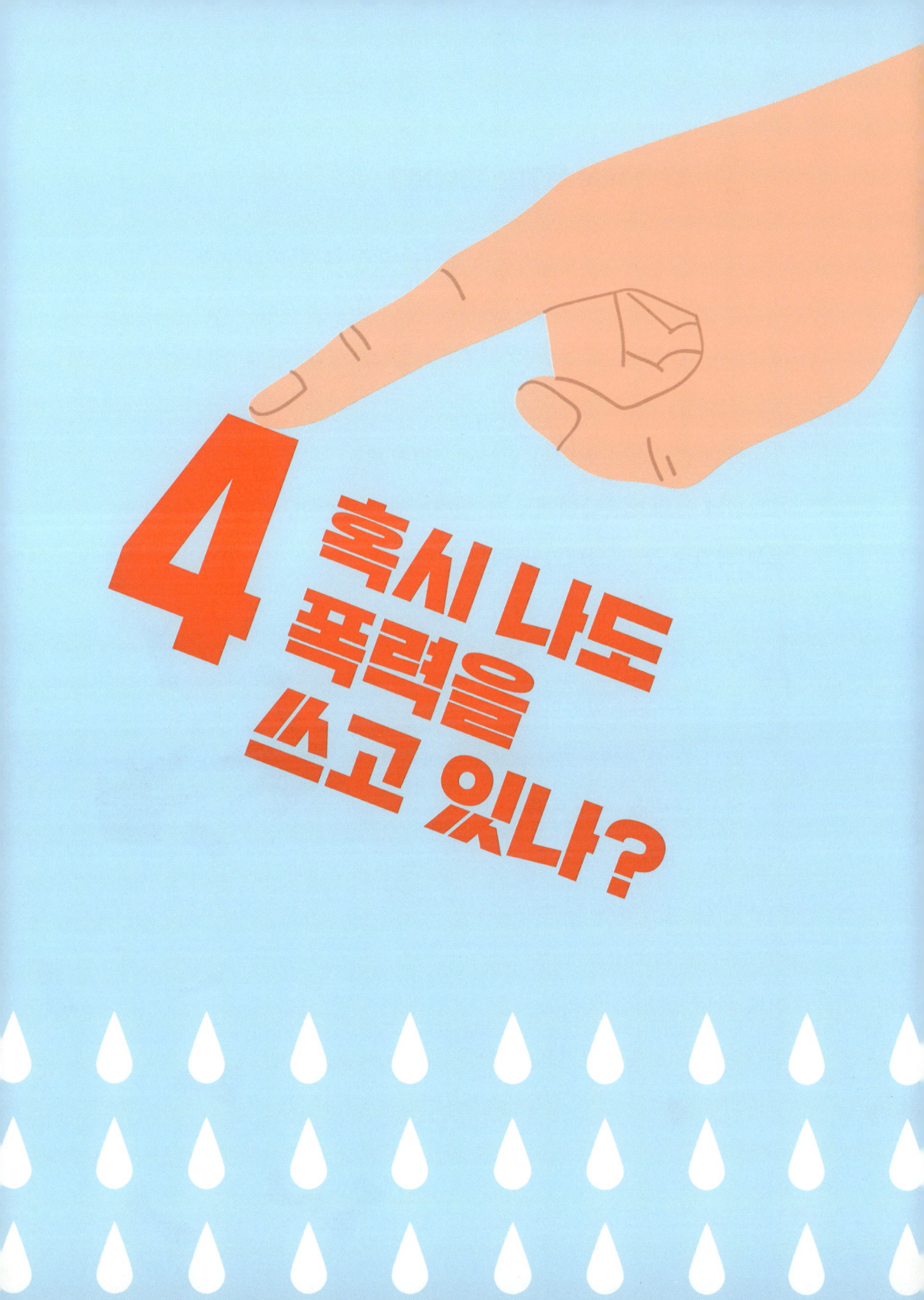

 **내가 혹시 들개는 아닐까?**

강여울과 천영신이 쓴 《행복을 빼앗는 괴물 폭력》이라는 책을 읽어 본 적이 있나요? 이 책에는 자기 입장만 주장하면서 아이들을 윽박지르고 폭력을 휘두르는 '꼬마 깡패' 민재 이야기가 나와요.

민재에게는 형과 동생이 있는데, 형 우재는 공부도 잘하고 부모님과 동네 어른들에게도 늘 칭찬받는 어린이며, 동생 희재는 늘 찡찡대기만 하는 어린이였어요. 잘난 형과 비교를 당하는 것도 힘든데, 귀찮게 하는 동생 때문에 민재는 늘 화가 나 있었어요.

그러다 이를 참지 못하고 학교에서 폭력을 휘두르고 말았지요. 당연히 학교에서 아무도 좋아하지 않아서 왕따가 되었고요. 그런데 어느 날 잠을 자다가 들개 나라로 납치되었어요.

84

들개 나라 사람들은 처음에는 사람이었지만 서로 계속 싸우다가 들개로 변했어요. 들개 나라를 다스리는 왕은 다행스럽게 인자하고 어진 사람이었어요. 자기 백성들이 점점 사나워지면서 들개가 되어 가는 것을 너무 안타까워했지요.

고민 끝에 들개 나라 왕은 들개가 되어 가는 백성들을 바로잡으려고 민재를 선생님으로 모셨어요. 민재에게 주어진 사명은 백성을 사람으로 돌아오게 하는 것이었어요. 들개가 된 사람들을 모두 사람으로 돌아오게 하기 전에는 다시 집으로 돌아갈 수 없었어요.

민재는 어떻게 들개 인간들을 고칠 수 있을까 고민했어요. 그러다 민재는 들개 인간들의 행동에서 자기 모습을 발견했지요.

왜 자신은 화를 참지 못하고 폭력을 휘둘렀을까 반성하게 되었지요. 그리고 폭력은 친구를 떠나

떠나가게 만들고 가족을 불행하게 만드는 것임을 깨닫게 되었어요. 화를 잘 다스려야 폭력을 휘두르지 않는다는 것도 알게 되었고요.

집으로 돌아온 민재는 자기 때문에 힘들었던 친구들에게 가서 사과했어요. 그리고 주먹보다 대화를 통해 문제를 해결하려고 노력하지요. 친구들이 처음에는 놀라지만 변한 민재를 진심으로 받아들이게 돼요. 깡패 민재에서 벗어나게 된 거예요.

혹시 여러분도 화를 참지 못하고 친구들에게 윽박지르거나 주먹을 쓴 적이 있나요? 다른 사람이 나를 이해하지 못하고, 나를 미워하는 것 같아 억울한 마음에 화를 내거나 폭력을 쓴 적이 있나요?

민재는 항상 자기가 옳다고 생각하고, 자기와 생각이 다른 아이들을 참지 못해 폭력을 휘둘렀어요. 이 책에서 보여 준 것처럼 폭력은 인간을 마치 들개처럼, 괴물처럼 만들어 버리는 무서운 것이에요.

나도 들개가 되지 않으려면

1장에서 어떤 행동이 폭력인지 아닌지를 결정하는 것은 가해자가 아니라 피해자라고 했던 것을 기억하나요? 폭력을 정의하는 것은 폭력의 사용자가 아니라 폭력의 피해자예요. 감정과 신체 상태가 사람마다 다르고, 또 시시각각 변하기 때문에 누구든 폭력으로부터 자유롭기는 쉽지 않아요.

그래서 우리는 매우 조심해서 행동해야 해요. 남을 배려하는 마음 없이는 폭력은 결코 없어지지 않아요. 내가 폭력이 아니라고 생각하는 행동도 상대에게는 폭력이 될 수 있다는 사실을 곰곰이 생각해 봐야 해요.

3장에서도 중요한 말을 했었어요. 폭력은 힘의 차이를 이용해서 자신의 이익을 차지하려는 사람들이 존재하기 때문에 발생한다고요. 그리고 힘이 강한 쪽이 약한 쪽을 향해 폭력을 행사하게 된다는 말을 했어요.

그런데 힘의 크기는 상대적이에요. 어떤 개인이나 단체의 힘이 항상 그리고 절대적으로 강할 수는 없어요. 어떤 상황에서는 가해자가 되었다가 다른 상황에서는 피해자가 될 수 있어요.

　우락부락한 격투기 선수도 총이나 칼 같은 무기를 가진 사람에게 당할 수도 있고, 아무리 강한 미국도 작고 약한 나라의 공격을 당할 수 있지요.

　이는 매우 중요한 사실을 우리에게 알려 줘요. 폭력에는 피해자 가해자가 항상 정해져 있지 않다는 것이지요. 내가 오늘은 가해자일지 몰라도 내일은 피해자가 될 수 있어요. 세상 어느 누구도 폭력으로부터 완벽하게 안전하지 않아요.

　'아 정말 어렵다! 차라리 몰랐으면 좋았을걸…….' 혹시 이런 생각이 드나요? 맞아요! 그렇게 시작해야 해요. 거듭 강조

하지만 폭력은 단순하지 않은 만큼 어렵고 또 어려워요. 어떤 폭력이 있는지도 살펴야 하고, 왜 폭력을 쓰는지도 알아야 하지요. 뿐만 아니라 혹시 내가 폭력을 쓰고 있지는 않은지 경계도 해야 해요. 그래야 우리 사회에서 폭력을 뿌리 뽑을 수 있거든요.

그 첫걸음으로는 우선 내가 불편하고 폭력이라고 생각되면 곧바로 의사 표시를 해야 해요. 그렇지 않으면 상대는 자신이 한 말이나 행동이 폭력이 아니라고 생각하고 계속 그런 행동을 하게 돼요. 그렇다고 폭력을 당한 사람이 말하지 않았다고 책임이 있다는 뜻은 아니에요. 오해하지 말아요. 폭력을 계속 당하지 않도록 하자는 말이니까요.

# 폭력은 바이러스

학교 폭력을 막기 위해 교육을 시킨다면서 말을 듣지 않는 아이들에게 폭력을 행하는 선생님들이 있어요. 이런 행동은 폭력을 사용하지 말아야 한다는 배움보다 오히려 자기 뜻대로 상대방이 움직이지 않을 때 주먹부터 사용하게 만들 가능성이 훨씬 높아 보여요.

학교에서 학생들이 폭력을 휘두르는 것은 반드시 막아야 하지만, 그런 학생들을 폭력으로 고치려는 것도 나빠요. 이것은 결국 폭력을 폭력으로 막겠다는 것이고, 계속되는 폭력의 악순환을 가져와요. 평화를 위해 전쟁을 한다는 말과 다르지 않아요. 따라서 오래 걸리고, 어렵다 하더라도 비폭력적 방법을 통해서 폭력을 해결해야 해요.

폭력은 또 다른 폭력을 부르는 경우가 많아요. 어떤 사람이 오늘은 힘이 약하거나 다른 사정에 의해 폭력을 당하지만, 다음에 힘을 기르거나, 무기를 구입하거나, 또는 자기편을 더 불러와 폭력을 가하게 되지요. 복수는 복수를 부르게 되는 법이라잖아요? 폭력의 악순환을 보여 주는 그림책이 있어요.

개구리가 들판에 놓인 돌에 한가로이 앉아 있어요. 그런데 우산을 든 쥐가 나타나요. 쥐는 개구리를 공격하고 돌에서 몰아내 버려요. 돌을 차지한 쥐는 꽃 한 송이 꺾어 들고 만족하고 있어요. 자기 자리를 빼앗긴 개구리도 그냥 있지 않았어요. 자기 친구들을 불러와 함께 힘으로 잃어버린 자리를 되찾아요. 그러자 쫓겨난 쥐는 다시 다른 쥐들을 불러 모아 공격해요.

상황은 걷잡을 수 없이 커져 가지요. 온갖 수단 방법이 동원되고 무기가 등장하면서 처참한 결과만 남게 되요. 그런데 망가지는 것은 개구리와 쥐만이 아니었어요. 푸르고 꽃이 만발했던 아름다운 들판은 모두 파괴되어 버렸어요. 죽음의 잿빛과 함께 쥐와 개구리에게는 시든 꽃과 부서진 우산만 남았어요. 폭력은 평화의 들판에 있던 모든 것들은 앗아가 버렸어요.

니콜라이 포포프의 《왜?》라는 그림책의 내용이에요. 글이 없는 그림책이지만, 글로 내용을 옮겨 봤어요. 개구리와 쥐가 꽃 한 송이를 놓고 우연하게 벌인 작은 다툼이 걷잡을 수 없이 커져 서로 간의 전면적인 폭력과 전쟁이 되었고, 결국 전쟁의 결과로 온 들판이 폐허로 되어 버렸다는 이야기예요.

우리에게도 얼마든지 이런 일이 벌어질 수 있어요. 과거에도 있었고요. 작은 다툼도 함부로 했다가는 큰 폭력으로 이어질 수 있다는 걸 명심해야 해요.

 **나를 위한 비폭력**

폭력을 사용하지 말아야 하는 가장 큰 이유 중 하나는 바로 나 자신이 폭력의 대상이 되지 않기 위함이에요. 내가 남을 괴롭히지 않음으로써 상대방이 나를 괴롭힐 가능성을 줄일 수 있거든요.

우리가 법과 질서를 지키는 이유는 단지 처벌이 무서워서만은 아니에요. 원래 법이란 한 사람의 권리 행사가 다른 사람의 권리를 침해할 수 없도록 하는 데 그 의미가 있어요.

예를 들면 운전의 자유가 있지만, 자동차를 시속 200km로

폭력 추방은 나부터!

운전하는 것은 법으로 금지되어 있어요. 그 이유는 과속을 하게 될 경우 사고로 다른 사람에게 피해를 줄 가능성이 높아지기 때문이에요. 내가 먹고 싶다고 상점에 들어가 아무거나 마구 먹는다면 그것은 다른 사람의 재산에 손해를 끼치는 것이므로 불법이 되는 것과 마찬가지예요.

폭력도 이런 원리가 작동한다고 생각해요. 법으로 보호하기 전에도, 내가 폭력을 사용하지 않음으로 인해 누군가의 폭력의 대상이 될 가능성을 줄이는 것이지요. 물론 나는 평화롭게 대했는데 상대방이 무조건 폭력을 행사한다면 그때는 법에 호소해야겠지요.

그러나 그전에 모든 사람이 참아 낸다면 서로가 평화로워질 가능성이 더 크겠지요? 폭력이 행사되고 난 다음 법에 호소하는 것은 이미 내가 피해를 입은 후잖아요.

그러니까 예방 차원에서도 내가 폭력을 사용하지 않는 것이 매우 중요해요. 내가 행복해져야 나와 가까운 가족들과 친구들이 행복해지고, 또 온 사회가 행복해지는 것이지요.

여러분들이 자신을 소중하게 여기고 사랑했으면 좋겠어요. 거기서 폭력 추방은 시작된다고 믿어요. 자신이 폭력의 대상이 되지 않도록, 다른 사람을 폭력의 대상으로 삼지 않는 멋진 사람들이 되기를 바라요.

"안 돼요, 싫어요."라고 말해요

방과 후 학원 앞에서 재원이를 봤어요. 재원이는 낯선 아저씨와 함께 있었어요. 아저씨는 재원이의 등에 손을 올리고는 어딘가로 이끌었어요. 그런데 재원이의 표정이 심상치 않았어요. 계속 주변을 살피면서 누군가를 찾는 것 같았죠. 하지만 주위에는 아무도 없었어요. 재원이가 내 쪽으로 고개를 돌릴 때 나도 모르게 숨어 버렸어요.

나는 재원이를 도와줄 수 없었어요. 너무 무서웠거든요. 못 본 척 지나치고 말았어요. 돌아오는 내내 마음이 무거웠고, 잠자리에 누워 있는 지금도 너무나 괴로워요. 재원이는 어떻게 됐을까요? 재원이를 외면한 나도 가해자일까요?

어떻게 해야 할까?

우리는 생각보다 자주 폭력을 목격해요. 무섭고 끔찍해서 폭력적인 상황을 외면하는 경우가 많지요. 하지만 폭력을 외면할수록 폭력은 더 활개쳐요. 그러니 폭력을 목격했을 때는 외면하면 안 돼요. 그렇다고 나보다 힘센 사람에게 함부로 덤빌 수는 없겠지요. 이럴 때는 주변 사람들에게 도움을 요청해야 해요. 선생님이나 경찰에게 이 사실을 빨리 알리고, 재원이를 구해야 해요. 피해자는 우리가 외면하면 폭력에서 벗어날 방법이 없거든요. 폭력을 목격했을 때는 용기를 내고, 주변 사람에게 도움을 요청해야 해요. 112에 신고해서 경찰의 도움을 받는 것도 좋은 방법이에요.

 착한 사마리아인의 법

성경에 나오는 착한 사마리아인의 이야기를 알고 있나요? 어떤 유대인이 강도를 만나 상처를 입고 길가에 버려졌는데, 동족인 유대인은 이를 외면했어요. 그런데 유대인에게 멸시를 받던 사마리아인이 이 유대인을 구해 주었지요. 아마 이 유대인은 사마리아인이 아니었다면 길에서 죽었을지도 몰라요. 물론 누구도 이 유대인을 도와줄 의무는 없어요. 하지만 누군가 돕지 않으면 피해는 더 커져요. 착한 사마리아인처럼 폭력을 목격하면 피해자를 도와야 해요.

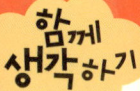 함께 생각하기

폭력을 목격하고도 외면한다면 피해자는 어떻게 될까? 피해자를 돕는 것을 법으로 강제해도 될까?

 ## 폭력의 반대는 평화

　폭력이라는 말과 자주 함께 등장하는 단어가 있어요. 바로 평화라는 말이에요. 이 두 단어는 서로 정반대의 뜻을 가지고 있지만 늘 함께 등장하지요. 앞서 폭력이 무엇인지, 어떤 모습으로 우리 곁에 숨어 있는지, 무엇 때문에 일어나는지 알아보았어요. 그리고 폭력을 없애야 한다고도 했지요. 바로 이 상태가 평화예요.

　평화학을 연구하는 요한 갈퉁이라는 학자는 "평화는 모든 종류의 폭력이 없거나, 폭력이 줄어드는 것이다."라고 했어요. 그리고 폭력의 종류를 직접적 폭력, 구조적 폭력, 문화적 폭력 3가지로 나누었지요. 이를 해결하는 방법으로써 직접적 평화, 구조적 평화, 그리고 문화적 평화를 말했고요. 진짜 평화는 3가지 폭력이 모두 사라지고, 3가지 평화가 모두 이루어지는 것이라고도 했어요.

　평화의 반대는 전쟁이라기보다 폭력이에요. 폭력은 평화를 깨뜨리며, 폭력이 있는 곳에 평화가 없는 건 당연하지요. 전쟁이 없다고 저절로 평화가 이루어지지는 않아요. 전쟁은 당연히 없어야 하지만, 우리가 평화로운 삶을 살기 위해서 없어져야 할 것은 폭력이에요.

눈에 보이는 폭력이 없다고 해서 무조건 평화라고 서둘러 결론 내릴 수는 없어요. 갈퉁의 말에 따르면 소극적인 평화는 직접적인 폭력만 없으면 되는 것이지만, 적극적인 평화는 보이지 않는 구조적 폭력과 문화적 폭력도 같이 없어져야 하거든요. 그래서 최근에는 평화를 전쟁을 멈추는 것을 넘어, 사람들을 괴롭히고 희생시키는 모든 문제가 해결되는 상태라고 말해요. 즉, 전쟁이 없더라도 가난으로 고생하고, 기후 변화로 인해 재난을 당하고, 독재자에게 자유를 빼앗기는 것도 모두 평화가 없는 상태로 봐요.

좀 어렵나요? 다시 정리를 해 보면, 최소한의 평화는 우리 가운데 누가 누구에게 폭력을 가하는 것이나, 전쟁이 없는 것이에요. 적극적 평화는 우리의 삶이 행복하며, 약자들을 차별하거나 소외하지 않는 것이고요. 물론 전쟁이 평화를 위협하는 가장 큰 적이지만 전쟁이 없음에도 차별, 소외, 가난, 공포, 억압 같은 것들도 얼마든지 폭력이 되어 우리를 불행하게 만들 수 있는 것이지요.

이스라엘이 좋은 예가 될 수 있겠네요. 이스라엘은 아랍 국가들로 둘러싸여 있어요. 이스라엘과 아랍 국가들은 여러 차

레 큰 전쟁을 치렀고, 충돌과 전쟁이 없을 때에도 항상 긴장과 대결 상태예요. 어떤 사람들은 이스라엘을 대단한 나라라고 평가해요. 작은 나라가 주위의 강한 국가들과의 많은 전쟁에서도 살아남으니까요. 한국도 이스라엘을 본받아 강력한 국방력을 갖춰야 한다고 주장하는 사람들도 있어요.

하지만 사람들에게 이스라엘 같은 나라에서 살고 싶은지 물어본다면 어떻게 대답할까요? 아마도 많은 사람들이 그건 싫다고 대답할 것 같아요. 핵무기까지 보유하고, 아랍에게 당당하고 강한 자세를 보이는 이스라엘인 것은 맞지만 늘 전쟁을 걱정해야 하고, 여성들까지도 군대에 가야 할 정도로 위협과 두려움 속에서 살아야 하니까요.

사실 우리도 비슷해요. 같은 민족끼리 전쟁을 했고, 지금도 엄청난 무기를 쌓아 놓고 상대를 향해 겨누고 있어요. 우리로서는 북한의 위협이나 전쟁이 일어나지 않게 지켜야 하지만, 그렇다고 해서 진정한 평화가 오는 것은 아니에요. 그건 그냥 소극적인 평화일 뿐이지요.

남북한의 사이가 좋아져서 전쟁 가능성을 줄여야 진짜 평화라고 할 수 있지 않을까요? 그리고 더 나아가서 밖으로는 전쟁 걱정이 없어지고, 안으로는 구조적이고 문화적인 폭력까지 사라지는 것이야말로 진짜 평화예요.

그게 가능할까요? 너무 이상적이라고 생각하나요? 이 지구상에 이런 완벽한 평화를 이룬 나라는 아마도 없을 거예요. 사실 소극적 평화조차도 이룬 나라가 많지 않아요. 하지만 적극적 평화에 목표를 두고 열심히 노력해야 소극적 평화도 이루어지는 것이라고 생각해요.

 **폭력 감수성을 키워요**

정말 폭력이 판치는 세상이에요. 하루가 멀다 하고 뉴스에는 살인과 테러, 폭력 사건이 끊이지 않고 나와요. 세상을 살아가기가 너무 무섭기도 하고, 도저히 희망이 없는 것처럼 느껴질 때도 있어요. 하지만 우리 모두가 노력하면 폭력은 멈출 수 있어요.

너무 순진하고 이상적으로 들리나요? 아니요, 가능해요. 인간이 짐승보다 욕심이 많고 더 폭력적인 면도 있지만, 짐승과 달리 자신보다 약한 것을 감싸 안을 수 있어요. 그렇기 때문에 폭력을 멈추는 일은 가능해요.

폭력과 전쟁에 있어 둘째라면 서러워 할 바이킹족의 후손인 스웨덴 사람들은 지난 200년 이상 전쟁을 하지 않았다고 해요. 폭력에 의해 질서가 유지되는 것이 아니라 강자와 약자가 함께 나누며 살아가는 것이 진정한 질서라고 깨달았기 때문이에요.

그렇게 하려면 우선 폭력에 대한 감수성을 키워야 해요. 폭력 감수성이라는 말이 조금 낯설게 들리나요? 그럴 수 있어요. 폭력 감수성을 키워야 한다는 말은 폭력에 대해 무관심하지 않고 예민하게 깨어 있어야 한다는 뜻이에요.

폭력 없는 세상을 이루기 위해서 먼저 자신이 폭력으로 희생당하고 있거나, 누군가에게 폭력을 행사하고 있는지 언제나 살펴볼 수 있는 민감함을 가져야 한다는 말이에요. 나 또는 내 가족이 폭력의 직접적인 피해자가 아니라도 우리는 주위에서 일어나는 폭력에 대해 관심을 가지고 있어야만 폭력을 추방할 수 있어요.

폭력에 대한 감수성 키우기와 반드시 함께 가야 할 것이 무엇인지 아나요? 그건 폭력을 받아들이지 않겠다는 단호한 결심이에요. 폭력은 악이에요. 《티보가의 사람들》로 노벨상을 수상했던 로제 마르탱 뒤 가르는 세계의 운명이 폭력으로 망가지지 않게 하는 유일한 방법은 각자가 폭력을 받아들이지 않는 데 있다고 했어요. 정말 당연한 말이에요.

어떤 폭력도 행사해서는 안 된다는 말은 너무도 당연해요. 하지만 폭력적인 행동을 막는 데는 한계가 있을지도 몰라요. 왜냐고요? 그것은 이미 폭력이 습관화되고, 잘못인 줄 모르는 사람에게는 이런 말이 효과가 없을 수도 있기 때문이에요. 그래서 더 중요한 말은 "어떤 폭력도 감수하지 말라."라는 말이 아닐까 생각해요. 이 말을 풀어 보면 폭력에 대해서 눈감지 말라, 그냥 당하지 말라는 뜻이에요.

폭력을 보고도 참는 것은 자기 자신에 대한 의무와 공동체에 대한 의무를 저버리는 행동이에요. 어떤 폭력이든지 참아 넘겨서는 안 돼요. 폭력 행위를 그대로 방치하거나 눈감아 주면, 폭력이 반복되도록 만드는 것과 같아요. 그 반복된 폭력에 내가 또 당할 수 있고, 공동체 내에 누군가가 당할 수 있어요. 앞에서 말했듯이 폭력은 전염성이 강하다고 했지요. 우리가 참는 순간 폭력은 자꾸만 자랄 수 있어요.

히틀러가 독일을 독재하던 시절 마틴 니묄러라는 목사가 있었어요. 니묄러 목사는 처음에는 히틀러를 지지했어요. 하지만 시간이 갈수록 악행을 일삼는 것을 목격한 후에 마음을 바꿨어요. 그 후 히틀러에게 저항하다가 체포되어 8년간 강제 수용소에 갇혔지요.

감옥에서 니묄러 목사는 다시 한번 히틀러의 폭력을 눈감았던 사실을 깊이 반성하면서 "전쟁과 학살의 책임은 히틀러에게만 있는 것이 아니라 침묵했던 나에게도 있다."라는 눈물의 고백과 함께 시를 남겼어요.

　나의 권리는 곧 다른 사람의 권리인 것이고, 우리가 같이 지키지 못하면 모두가 피해자가 되는 것이에요. 폭력을 추방하기 위해 폭력의 감수성을 키우고 주위를 살펴야 하는 이유예요.

 폭력에도 면역이 있다고?

　폭력에 자주 노출되면 면역이 생긴다고 해요. 처음 폭력을 당했을 때는 많은 충격을 받지만, 계속적으로 폭력을 당하고 그것을 견디다가 어느 시점이 오면 더 이상 상처가 되지 않는 것이지요. 그렇게 되면 다른 사람의 폭력에 대한 피해를 공감할 수도 없고, 더 나아가 어느 순간 그 자신도 폭력적으로 변하게 되는 경우가 아주 많아요. 폭력이 아무 일도 아닌 것처럼 행하게 되는 것이에요. 이런 상태를 폭력에 면역이 생겼다고 해요.

폭력 감수성은 우리가 키워야 하지만, 반대로 폭력 면역성은 절대로 키우면 안 돼요. 우리나라 사람들은 폭력에 대해서 지나치게 관대한 측면이 있어요. "애들은 맞아야 사람이 된다."라든가, "맞으면서 크는 것"이라든가, 또는 "남자는 군대에 가서 실컷 두드려 맞아야 비로소 남자가 된다."라는 식의 말들은 폭력에 대해 제대로 알지 못해서 하는 잘못된 말이에요. 폭

력 없는 세상이 가능하려면 폭력에 대한 면역성을 가지지 말고, 다른 사람이 겪는 폭력을 내가 겪는 것처럼 느낄 수 있는 감수성을 키워야 해요.

폭력도 우리처럼 성장해요

사람은 먹어야 살 수 있지요? 먹어야 성장하고 어른이 될 수 있어요. 그런데 폭력도 자라요. 폭력이 자라는 데 필요한 먹이는 바로 폭력이에요. 폭력은 폭력을 먹고 성장해요. 그리고 폭력이 좋아하는 또 다른 먹이가 있는데 그것은 침묵이에요.

사람들은 태어나는 순간부터 힘의 질서에 속해 버려요. 저항하기 쉽지 않지요. 힘의 질서가 지배하는 사회에서는 힘센 사람과 약한 사람 사이의 불평등한 권력 관계가 생겨요. 그건 가정이나 학교나 사회에서도 마찬가지예요.

가정 폭력, 학교 폭력, 직장에서의 폭력은 바로 이런 것들로 인해 생겨나요. 조금 심하게 말하면 사람은 태어나자마자 불평등한 관계를 맺기 시작하고, 폭력적인 상황에 놓이는 거예요.

그런데 생각을 바꾸면 세상이 좀 달라 보여요. 사실 우리는 몇 단계만 건너면 아는 사람이에요. 지구상의 모든 사람들은 6명만 거치면 다 아는 사람이고, 한국 사람은 2.5명만 거치면 다 알 수 있다고 해요. 그러니까 불평등한 관계를 살짝 벗어나 보면, 결국 우리는 아주 가까운 관계에 있는 사람들이라는 거예요. 이렇게 보니 참 지구촌 이웃이라는 말이 더욱 실감이 나지요?

 **폭력의 해결사는 대화**

폭력을 극복하고 함께 살아가는 데 가장 중요한 것 중에 하나가 바로 대화예요. 앞에서도 말했듯이 말이라는 것이 오해하기 쉽고, 또 요즘에는 거칠고 자극적이지요. 대화 중에 욕설이 난무하는 경우가 자주 벌어지는 걸 보면 대화로 인해 폭력을 부추기는 일이 많은 것 같아요.

하지만 반대로 조금이라도 진심이 담기고 남을 배려하는 말은 폭력을 해결하는 가장 좋은 방법이에요. 따뜻한 말 한마

디로 얼음장처럼 차가운 마음을 녹이는 경우가 많잖아요. 대화를 통한 갈등 해결이라는 것이 바로 이런 것이지요.

 프란치스코 교황님께서 폭력을 밀어낼 수 있는 기적의 언어가 있다고 하셨어요. 하나는 '제발 부탁합니다(please).'라는 말인데요. 이 말을 하는 순간 대부분의 사람들이 폭력적으로 행동하기 어려워진다고 하셨어요.

 두 번째 단어는 '고맙습니다(thank you).'라고 하셨어요. 고

맙다고 말하는 사람에게 폭력이 가해지기는 어렵지요. 오히려 이기적인 사람의 냉랭한 마음을 녹일 수 있는 아주 강력한 말이지요.

교황님의 말에 하나를 덧붙이고 싶은데요. 그것은 '괜찮아요(it is okay).'라는 말이에요. 이는 사실 앞에 두 가지 단어보다 더 어려울 수 있는 것이, 상대방이 나를 기분 나쁘게 했거나, 내게 잘못했을 경우가 포함되기 때문이에요. 약간의 용서와 덮어 주는 게 필요한 것이지요. 하지만 어려운 만큼 괜찮다고 말해 주는 것은 엄청난 힘을 가져요.

우리가 사는 이 땅에서 폭력은 없어져야 하는 것이 마땅하고 또 누구나 동의할 거예요. 하지만 결코 쉬운 일은 아니에요. 우리가 사는 세상에서 폭력은 지금까지 살펴본 것처럼 구조적으로 그리고 문화적으로 아주 깊이 들어와 있기 때문이지요. 그럼에도 우리는 포기하지 말아야 해요. 폭력은 필요악이 아니라 그냥 악이에요.

폭력에 관한 글의 마지막을 다시 프란치스코 교황의 말로 대신하고자 해요. "우리의 일상이 잔인한 정글을 넘어 피비린내 나는 전쟁터로 치닫는 상황에서도 진정 서로 사랑하고자 하는 노력을 포기하지 말아요."

갈등을 평화적으로 해결해요

서로 껄끄러운 관계를 갈등이라고 하죠. 한자로 갈(葛)은 '칡'이고, 등(藤)은 '등나무'를 말해요. 칡과 등나무는 모두 꼬이고 서로 얽히면서 자라요. 그런데 등나무는 왼쪽으로 꼬이면서 올라가고 칡은 오른쪽으로 꼬이면서 올라간다고 해요. 그래서 아마도 갈등은 서로 다른 생각과 입장으로 인해 꼬여 버려 풀기 어려운 관계를 의미하는 것이겠지요.

앞에서도 얘기했지만 인간 사회에서 갈등이 없을 수는 없어요. 그리고 갈등은 많은 경우 폭력 같은 부정적인 결과로 나타나요. 단지 관계가 끊어지는 정도에서 끝나지 않고, 개인들 간에도 부상이나 죽음에 이를 수 있지요. 또 국가 사이에서는 전쟁에 이르러 수많은 사람들이 사망하기도 해요.

갈등은 대개 불편해요. 갈등을 쉽게 받아들이는 사람은 아주 드물지요. 하지만 갈등 그 자체가 악한 것은 아니에요. 사회에는 늘 있는 자연스러운 현상이에요. 사람들이 갈등을 불편해하는 가장 큰 이유는 다루기가 힘들고, 또 상대가 있으므로 자기 마음대로 해결하기가 어렵기 때문이에요.

갈등을 잘못 다루면 관계가 무너지고, 폭력이 발생해요. 갈등을 없앨 수는 없지만 갈등을 평화적으로 해결하는 방법을 배우는 것이 중요해요. 갈등은 잘 해결되기만 한다면 건강한 도전이나 발전을 위한 좋은 기회가 되기도 해요.

갈등이 발생했을 때 종종 "주먹은 가깝고 법은 멀다."라는 말을 해요. 이런 말이 자주 사용된다는 것은 지금까지 평화적인 법적 해결보다 폭력적인 방법으로 쉽게 해결하자는 생각이 많았다는 걸 보여 줘요.

서양에서 근대적인 법이 만들어지기 전에는 '결투'를 통해 갈등을 해결하는 제도가 있었어요. 그러나 이 역시 힘이 곧 정의라는 폭력적 제도일 뿐이에요. 힘센 자가 아무리 잘못해도 결국에는 약한 사람이 죽게 되는 거잖아요. 더욱이 오늘날처럼 법이 있음에도 주먹에 의지하는 것은 조직 폭력 집단이나 다름없는 것이고, 법의 심판을 받아야 하는 범죄가 되어요.

갈등의 바람직한 해결

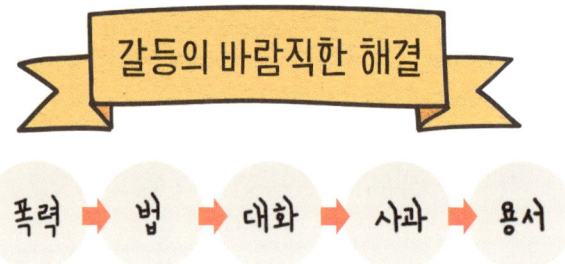

갈등에 대한 해결 방법은 폭력보다는 법적 해결이 바람직하고, 법적 해결보다는 대화로 해결하는 것이 더 바람직해요. 그리고 갈등이 이미 폭력을 발생시켰다면 대화를 통해 가해자는 진정한 사과를 하고, 피해자는 용서를 하는 것이 최고의 결과를 얻는 것이지요. 인류 역사에 있어서 위대한 용서가 폭력을 이겨 낸 감동적인 예가 많아요. 몇 가지만 소개할게요.

인종 차별에 맞선 마틴 루터 킹

1960년대 미국에서 흑인 차별 철폐를 외치던 흑인 지도자 마틴 루터 킹 목사는 "어둠으로 어둠을 이길 수 없습니다. 빛만이 어둠을 이길 수 있습니다. 증오로 증오를 이길 수 없습니다. 사랑만이 증오를

이길 수 있습니다."라고 소리쳤어요. 인종 차별이라는 폭력을 폭력이 아닌 사랑으로 이겨 내야 한다는 것을 호소했지요.

　인종 차별을 반대하면서 마틴 루터 킹의 운동에 참가한 많은 사람들은 가해자인 백인들에게 폭력으로 복수해야 한다는 목소리가 많았어요. 하지만 그는 이를 단호히 거절하고 폭력의 악순환을 끊기 위해 평화적인 방법만을 고집했었지요. 그리고 마침내 미국 내에서 인종 차별을 극복할 수 있는 전환점을 마련했지요.

빌리 브란트 총리의 사과

1970년 12월, 비가 부슬부슬 내리던 폴란드의 수도 바르샤바의 유대인 희생을 기리는 추모비 앞에서 서독의 빌리 브란트 총리는 무릎을 꿇었어요. 아무도 예상하지 못한 깜짝 행동이었어요. 나중에 이유를 묻는 질문에 빌리 브란트 총리는 2차 세계 대전 당시 학살을 당한 유대인들에게 독일인을 대표해서 사과하기 위해서 그랬다고 대답했어요. 그는 "인간의 말이 소용없을 때 가슴이 시키는 대로 행동했을 뿐"이라고 덧붙였어요. 그날 브란트의 진심을 담은 사과로 인해 폴란드 사람의 마음은 활짝 열렸고, 두 나라는 과거의 폭력을 극복할 수 있는 계기를 만들었어요.

넬슨 만델라와 흑인 피해자

남아프리카 공화국에서 1995년 넬슨 만델라는 최초의 흑인 대통령으로 선출되었어요. 그가 대통령으로 당선되었지만 여전히 백인들이 군대와 경찰을 차지하고 있었기 때문에 화해는 쉽지 않았고, 갈등과 폭력은 계속되었어요. 만델라는 '진실과 화해 위원회'를 만들어 과거의 폭력에 대해서 진실은 밝히지만, 복수보다는 용서와 화해를 통해 남아프리카를 통합시키려 했어요.

과거의 폭력에 대한 진실을 캐는 것은 모두에게 불편하고 어려웠지만 그래도 이를 이겨 냈어요. 인종 차별의 피해자 중 한 사람은 자신의 남편을 고문하고 불에 태워 죽인 뒤 시체를 강에다 던져 버렸다고 고백한 백인을 만났어요. 그 마음이 얼마나 힘들었을까요? 그래도 그녀는 이렇게 말했어요. "내 남편은 모든 남아프리카 공화국 사람들을 위해, 이 나라의 평화를 위해 싸웠어요. 내가 당신을 용서하지 않는다면 어떻게 평화가 가능하겠어요?"

9.11 사건이 남긴 두 명의 피해자

9.11 테러 사건으로 필리스 로드리게스라는 여성의 아들은 당시 세계무역센터에서 일을 하다가 화를 당했어요. 다음 해인 1주기 기념식에서 필리스는 테러리스트 중 한 명의 어머니인 아이차 엘 와피를 만났어요. 그녀는 원한이나 복수심보다 똑같이 아들을 잃은 어머니의 마음을 느꼈어요. 미국에 살던 피해자의 어머니가 프랑스에 살던 가해자의 어머니를 만나서 용서와 화해의 손을 내밀어서 많은 사람들에게 감동을 주었어요.

아들을 잃은 손양원 목사

우리나라에도 위대한 용서의 인물인 손양원 목사가 있어요. 그는 일본 제국주의 시절에 한센병을 앓던 사람들을 위해 봉사하던 분이었어요. 그런데 해방이 된 후 공산주의자들에게 자신의 아들 동인과 동신이 살해되었어요. 아들을 죽인 안재선이란 인물은 곧 체포되었고 사형에 처해지게 되었는데, 이 소식을 들은 손 목사는 자신의 사연을 말하고 사형을 면하게 한 후 자신의 아들로 삼았어요. 원수를 자신의 아들로 삼아 정성으로 키워 낸 것이야말로 위대한 용서가 아닐까요?

현명하게 폭력을 극복해요

지각을 하면 벌금을 내거나 손바닥을 맞기로 한 규칙은 선생님 의견이었어요. 나는 선생님한테 솔직하게 말했어요. 선생님이 정한 규칙에 동의할 수 없고, 파티도 함께하고 싶지 않다고. 이건 폭력이 아니냐고도 했지요. 선생님은 폭력이라는 말에 당황했지만, 한번 정한 규칙을 바꿀 수는 없다고 했어요. 하지만 나는 그렇지 않다고 생각했어요. 그래서 나와 생각이 같은 친구들이 있는지 물어보았어요.

친구들은 처음에는 당황했지만 점차 자신이 진짜 원하는 게 무엇인지 이야기하기 시작했어요.

파티하니까 좋다는 친구, 돈을 낼 형편이 안 되는데 아침마다 늦잠을 자서 괴롭다는 친구, 지각을 안 하면 되지 않냐는 친구, 다양한 의견이 나왔어요. 친구들과 오랜 토론을 거친 후 선생님한테 우리의 의견을 전달했어요.

한번 정한 규칙은 바꿀 수 없어!

하지만 선생님의 생각은 바뀌지 않았어요. 그래도 우리는 포기하지 않았어요. 우리는 원하는 것을 적어 피켓을 만들어 교실에 붙였어요. 선생님은 피켓을 보고 토론회를 하자고 했어요. 친구들은 자유롭게 자신의 생각을 이야기했어요. 그리고 서로 생각이 다른 친구들을

설득하기도 했죠. 토론 중간에 생각이 바뀌는 친구들도 있었어요.

선생님도 애초에 의도했던 바를 이야기했어요. 지각은 수업에 방해가 되고 많은 사람이 피해를 보기 때문에 좋지 않은 습관이라고도 했지요. 지각을 방지하려는 차원에서, 또 단합을 위해서 파티를 하자고 한 거였는데 모두의 동의를 구하지 않은 자신의 잘못도 있다고 인정했고요. 결국 우리 반은 지각에 대한 벌금과 벌칙 제도를 없애기로 했어요. 대신 각자 지각을 하지 않도록 노력하고, 만약 지각을 했을 경우 자발적으로 반을 위해 봉사하기로 했어요.

 **현명하게 폭력에 맞서는 방법**

모두의 동의를 구하지 않고 한 사람의 뜻대로 규칙을 정하고 따르도록 강제하는 것은 폭력이 맞아요. 하지만 우리는 폭력인지 잘 모르고 지나치지요. 이럴 때는 자신의 생각을 분명하게 전달해야 해요. 물론 폭력적인 방법, 예를 들면 화를 내거나 물리적인 힘을 사용하면 안 돼요. 가해자를 향해서 폭력을 써서도 안 되고요. 현명하게 자신의 의견을 전달하고 의사를 분명히 밝히는 것이 폭력에 맞서는 좋은 방법이에요.

함께 생각하기

폭력을 보고 자신의 생각을 분명히 밝힌 적이 있나요? 자신과 생각이 다르다는 이유로 화를 낸 적이 있나요? 우리 사회에 있는 폭력을 찾아보고, 어떻게 하면 극복할 수 있을지 생각해 봐요.

폭력은 반드시 없앨 수 있어요!

책을 끝내기 전에 마지막으로 하고 싶은 말이 세 가지 있어요. 첫 번째는 용서에 대한 말이에요. 용서가 진정한 평화를 가져오지만, 용서는 매우 어렵고도 용기 있는 행동이에요. 누구도 피해자에게 용서를 강요할 권리는 없어요. 그것은 피해자의 몫이지 가해자는 물론이고 제삼자의 것도 아니지요. 용서가 강요된다면 그것은 희생을 겪은 피해자를 또 희생시키는 일이 되는 거예요. 화해가 아무리 급하고, 또 전체 사회를 위해 반드시 필요하다고 해도 마찬가지예요. 앞에서 살펴본 모든 용서의 얘기들을 봐도 알 수 있듯이 피해자가 자발적으로 결심해야 해요.

두 번째는 비폭력에 대한 말이에요. 비폭력은 결코 비겁하지 않아요. 폭력에 대해 비폭력으로 대항하면, 이를 얕잡아 보고 폭력을 계속 사용

할 것이라는 말은 틀린 말이에요. 비폭력은 자기가 폭력의 피해를 입더라도 다른 사람에게 해를 입히는 것을 거절하는 매우 용기 있는 행동이에요. 물론 비폭력은 단순히 폭력에서 도망가는 것이 아니라 간디나 만델라처럼 폭력에 저항하는 것이어야 해요. 폭력은 또 다른 폭력을 부르기 때문에 비폭력으로 그 악순환의 고리를 끊어야 해요. 당장에는 폭력에게 지는 것 같지만 결국에는 폭력을 이 땅에서 몰아내는 가장 효과적인 방법이에요.

　세 번째는 폭력 없는 세상에 대한 말이에요. 폭력 없는 세상이 너무 꿈같은 이상이라고 주장하는 사람들이 많아요. 인간이 지금까지 살아온 역사에서 폭력이 사라진 적이 없는데 헛된 꿈이라고도 해요. 하지만 저는 그 말에 동의하지 않아요. 꿈을 꾸어야 해요. 세상의 모든 일이 그렇듯이 폭력 없는 세상도 꿈을 꿔야 해요. 우리는 꿈꿀 권리가 있고, 꿈꾸지 않으면 아무런 변화도 일어나지 않아요. 단번에 모든 꿈이 이루어지지는 않겠지만 꿈꾸고 또 행동하면 언젠가는 이루어진다고 믿어요.

1999년에 개봉한 〈컵CUP〉이라는 영화에서 큰스님이 월드컵에 빠져 수행을 게을리 하는 동자승을 불러 꾸중하듯이 질문을 던졌어요. "너는 걷기 편하게 하려고 길에 거죽을 씌우려느냐?" 그러자 동자승은 "아닙니다, 스님. 하지만 제가 가죽신을 신을 수는 있습니다." 재치 있는 대답에 만족한 큰스님은 "그래, 네가 맞다. 땅에 거죽을 씌우는 것이나 네 발에 가죽신을 신는 것이나 매한가지다."라고 말했어요.

폭력을 완전히 없애기란 마치 온 세상 땅덩어리에 거죽을 씌우는 일과 같을지 몰라요. 그러나 동자승이 가죽신을 신듯, 내가 사는 곳부터 평화를 심어야 해요. 주어진 평화의 기회를 놓치지 않으려면 가능한 곳에서부터 폭력을 반대하고 평화 운동을 실천해야 해요. 친구나 이웃과 뜻을 모으는 데서 시작하면, 그것이 점점 커져서 우리가 사는 이 땅에 폭력을 모두 없애 버릴 수 있다고 믿어요. 자, 지금부터 함께 시작해 볼까요?

지구촌 시대, 세계를 무대로 살아갈 어린이를 위한 책

세계 시민 수업 (전5권)

한국출판문화
산업진흥원
우수출판콘텐츠
선정도서

세종도서 교양부문
선정도서

국제앰네스티
한국지부 추천도서

〈세계 시민 수업〉 시리즈는

빈곤, 인권, 환경, 평화와 같은 글로벌 이슈를 각 분야 전문가를 통해 심도 있게 배우고, 사회적 약자에 대한 공감 능력을 키우며, 더불어 사는 세상을 위해 행동하는 세계 시민으로 성장할 수 있도록 돕는 책입니다.
세상에 무관심하지 않고 지속 가능하고 정의로운 세상을 위해 앞장서 행동하는 시민으로 자라는 데 도움이 될 것입니다.

1권　난민　왜 목숨 걸고 국경을 넘을까?

난민들이 목숨을 걸고 국경을 넘는 이유를 배우고, 난민들이 어떻게 살아가는지를 알아봅니다. 미래의 희망인 난민 아이들의 삶은 뭉클한 감동을 줍니다.

박진숙 글 | 소복이 그림 | 104쪽

2권　석유 에너지　전쟁을 일으키는 악마의 눈물

석유는 생활을 편리하게 해 주지만, 환경 오염과 전쟁을 일으키는 무서운 에너지이기도 합니다. 석유를 둘러싼 다양한 문제를 극복할 수 있는 지혜를 배웁니다.

이필렬 글 | 안은진 그림 | 120쪽

3권　식량 불평등　남아도는 식량, 굶주리는 사람들

전 세계에 식량이 충분한데 10억 명이 굶주림에 시달립니다. 힘센 나라와 거대 기업이 일으키는 문제를 배우고, 우리의 먹거리를 어떻게 지켜 나갈지 알아봅니다.

박병상 글 | 권문희 그림 | 104쪽

4권　아동 노동　세계화의 비극, 착취당하는 어린이들

전 세계 어린이 중 10퍼센트가 학교 대신 일터로 나가고 있는 충격적인 아동 노동 문제를 알리고, 아동 노동을 없애는 구체적인 방법을 소개합니다.

공윤희 · 윤예림 글 | 윤봉선 그림 | 132쪽

5권　환경 정의　환경 문제는 누구에게나 공평할까?

지구 온난화, 기후 변화, 생물종 멸종 등 지구에서 벌어지고 있는 환경 문제를 환경 정의의 눈으로 살피고, 지속 가능한 삶을 위한 대안을 알아봅니다.

장성익 글 | 이광익 그림 | 120쪽